ÉDEN ET LA QUÊTE DE L'IMMORTALITÉ

JAMES BARR

ÉDEN ET LA QUÊTE DE L'IMMORTALITÉ

Traduit de l'anglais par
JEAN PRIGNAUD

LES ÉDITIONS DU CERF
PARIS

1995

Titre original : The Garden of Eden and the Hope of Immortality

ISBN 2-204-05253-1
ISSN 0588-2257

AVANT-PROPOS

Ce livre représente le développement de la cinquième série des Conférences Read-Tuckwell données à l'université de Bristol en mai 1990[1]. Il est spécifié que ces conférences ont été fondées en vue de l'étude de l'immortalité de l'être humain. Ce fut pour moi un honneur d'être invité par l'université de Bristol à donner ces conférences ; c'est en même temps un plaisir et un stimulant que l'occasion ainsi offerte d'étudier certaines correspondances présentes dans la Bible entière et riches en conséquences pour de nombreux aspects de la théologie et de l'éthique.

Au cœur du présent exposé il y a une lecture du récit du jardin d'Éden, conçu non point comme le récit des origines du péché et de la mort, mais comme celui de la brève occasion de se saisir de l'immortalité, un instant offerte à l'humanité mais bien vite perdue. Les spécialistes de l'Ancien Tes-

1. La fondation fut établie par une donation d'Alice Read-Tuckwell qui indiquait dans son testament que les revenus de la fondation devaient servir à instituer et à soutenir un cycle de conférences. Celles-ci doivent avoir trait à l'immortalité de l'être humain et à des questions apparentées, et sont destinées à être ensuite publiées. — Dans la version française, et en accord avec l'auteur, on n'a pas cru devoir suivre de trop près le style oral que son texte avait gardé (N.d.T.).

tament savent depuis longtemps que l'interprétation traditionnelle de « la chute de l'homme », consacrée qu'elle est par l'usage qu'en a fait saint Paul, ne tient pas devant un examen minutieux du texte de la Genèse. Mais pour évident que cela soit depuis longtemps, les spécialistes n'ont pas, dans leur ensemble, réussi à donner de ce récit une représentation susceptible de rivaliser avec l'image traditionnelle, une image dont la force et la pertinence lui soient comparables eu égard à l'ampleur des données bibliques et des considérations théologiques. Or, à mon avis, on peut y parvenir si l'on tient compte de la place que tient dans ce récit l'idée d'immortalité.

Cette question illustre bien le problème des rapports entre l'Ancien et le Nouveau Testament. C'est par-dessus tout la lecture que Paul en a faite qui a conduit tout au long des siècles à lire ce récit d'une certaine façon. Mais la lecture de Paul dépend largement elle-même d'une certaine tradition d'interprétation qui n'est pas toujours évidente pour le lecteur ordinaire. Pour qui veut voir d'un œil neuf comment, à l'intérieur du christianisme, l'Ancien et le Nouveau Testament s'éclairent mutuellement, nul récit n'a plus de portée profonde que celui d'Adam et Ève.

Par l'intérêt qu'elle porte à l'immortalité de l'être humain, la fondation Read-Tuckwell met justement en valeur un élément qui, au long des âges, a toujours été considéré comme essentiel à la religion. Toutefois, le XXe siècle a vu s'instaurer ici une certaine confusion : des voix se sont élevées pour affirmer avec force que le christianisme est tout entier centré sur la résurrection des corps, et que l'immortalité de l'âme (formulation la plus courante de l'immortalité humaine) est une idée tout à fait différente, fondée sur la philosophie grecque, étrangère à l'héritage intellectuel sur lequel repose la foi chrétienne. La présente étude entend contribuer à surmonter en partie ces incertitudes en montrant comment la pensée hébraïque elle-même s'est préoccupée de l'immortalité.

Notre travail pourra aussi contribuer à éclairer la relation entre les textes bibliques et certaines recherches dans d'autres domaines, en particulier 1. / la philosophie, 2. / l'anthropologie, et 3. / l'histoire générale des religions. 1. / Une part importante de l'argumentation traditionnelle sur l'immortalité de l'âme a toujours été d'ordre philosophique ; récemment, la tendance était à écarter les implications philosophiques de la religion au profit d'une approche réputée plus biblique. On ose espérer que la présente étude ouvrira à ce sujet des perspectives neuves. 2. / Comme on l'a dit plus haut, des travaux récents donnent beaucoup d'importance aux idées sur la nature humaine qui étaient (ou que l'on croyait être) celles des Hébreux et des Grecs — d'autres peuples aussi bien sûr, mais on a retenu ces deux-là comme couple classique de contraires. En conséquence, on a attribué une grande importance théologique à des jugements de caractère linguistique, sociologique ou anthropologique, domaines dans lesquels la théologie ne dispose guère des moyens nécessaires d'appréciation. 3. / Les premiers chapitres de la Genèse sont une des parties de la Bible le plus nettement en rapport avec des mythes et des idées connus d'autres peuples, en dehors d'Israël. D'autre part, la théologie biblique moderne s'est fortement employée à souligner l'identité distincte et le caractère spécifique de la Bible, voyant dans ces qualités propres précisément ce qui fonde l'autorité de la Bible dans le christianisme. Notre étude du jardin d'Éden pourra peut-être apporter ici aussi quelque clarté.

En outre, la recherche savante s'est beaucoup développée au cours des dernières décennies autour de l'arrière-plan juif des textes néotestamentaires, et cela en particulier grâce aux manuscrits de la mer Morte, mais aussi sur la base d'autres documents. Toutefois, il s'agit surtout de travaux universitaires et passablement techniques, dont les effets n'ont pas encore eu le temps de se faire sentir dans les débats théologiques plus généraux et de plus large public. Le présent ouvrage se confinera à un niveau non technique, mais on s'efforcera d'y laisser l'influence des études récentes sur le judaïsme pénétrer les idées plus courantes sur l'immortalité.

Ce livre ne prétend pas discuter d'une manière approfondie et systématique de l'immortalité ou de la résurrection. On y poursuit un certain ensemble de thèmes bibliques que j'estime être rattachés et reliés de manière significative à l'immortalité. Je n'ai pas cherché à entrer dans le vaste débat présenté par les publications savantes, pas plus qu'à citer tous les textes bibliques intéressant éventuellement la question ; j'ai choisi de me limiter à un nombre restreint d'auteurs qui semblent constituer un petit groupe créatif. J'ai élaboré moi-même l'essentiel de mon raisonnement sans recourir à un vaste appareil d'érudition. Dans quelques cas je suis tombé, après les conférences, sur des écrits que j'ignorais mais qui suivaient des cheminements comparables : c'est le cas du précieux article d'Ulrich Kellermann ; et j'ai éprouvé un plaisir particulier à trouver des opinions analogues exprimées dans les commentaires de Harold Bloom dans son ouvrage *The Book of J*, publié l'année même où je donnais les conférences. Comme il arrive couramment après les conférences, le volume des notes a eu tendance à s'accroître : le lecteur s'en rendra particulièrement compte pour le chapitre II.

Ma gratitude va en particulier à l'université de Bristol, pour l'honneur d'avoir été invité à donner ces conférences, et pour l'aimable hospitalité manifestée durant mon séjour. Mes remerciements s'adressent spécialement au révérend Simon Tugwell, o.p., pour m'avoir permis de prendre connaissance sur épreuves de sa propre série de conférences, publiée aujourd'hui sous le titre « L'immortalité humaine et la rédemption de la mort » (Darton, Longman et Todd, 1990) ; au professeur George Nickelsburg, pour m'avoir fait cadeau du dernier exemplaire disponible de son précieux ouvrage, « La résurrection, l'immortalité et la vie éternelle dans le judaïsme intertestamentaire » (Harvard, 1972) ; et au Dr Robert Hanhart, de Göttingen, pour m'avoir fourni copie de la correspondance publiée dans la *Kirchenblatt für die Reformierte Schweiz* en 1926, et à laquelle il est fait allusion aux pages 145 et suivantes.

Lors de notre séjour à Bristol, durant la période des conférences, ma femme et moi avons beaucoup apprécié l'amicale hospitalité de l'université ; les départements de théologie et de philosophie ont excellement pourvu au nécessaire. Les cinq conférences furent entrecoupées par des séminaires sur des sujets apparentés avec des spécialistes de l'université de Bristol qui ont apporté un enrichissement par leur variété et l'intérêt qu'ils ont manifesté. Pour ma part, comme conférencier, j'ai beaucoup profité et appris des cinq séminaires dirigés par le professeur Ursula King, sur l'immortalité dans les religions du monde ; par le Dr Lyndon Reynolds, sur des aspects de la théologie médiévale ; par le Dr David Milligan, sur la philosophie de la croyance en l'immortalité ; par les Drs David Hopkins et T. A. Mason, de l'English Department, sur le *Paradis perdu* de Milton ; et par le professeur C. J. F. Williams, avec une réponse d'ensemble à la série des conférences. Le Dr Margaret Davies a veillé sur nos besoins quotidiens de manière extrêmement aimable et amicale. Ce furent pour nous de merveilleuses circonstances, et nous exprimons tous nos vœux pour que les Read-Tuckwell Lectures connaissent un avenir prospère et une réputation universelle.

Dans les passages bibliques pour lesquels la numérotation de l'hébreu diffère de celle du français, les chiffres de l'hébreu sont donnés en premier, puis ceux du français entre crochets.

Liste des sigles utilisés

HTR	*Harvard Theological Review.*
JBL	*Journal of Biblical Literature.*
KBRS	*Kirchenblatt für die Reformierte Schweiz.*
NEB	*New English Bible.*
REB	*Revised English Bible.*
RSV	*Revised Standard Version.*
SEÅ	*Svensk Exegetisk Årsbok.*
SJT	*Scotish Journal of Theology.*
THAT	*Theologisches Handwörterbuch zum Alten Testament.*
VT	*Vetus Testamentum.*
VTS	*Vetus Testamentum Supplements.*

I

ADAM ET ÈVE : UNE CHANCE D'IMMORTALITÉ

Il me semble que la première chose pour parler de l'immortalité de l'être humain et de ce qui s'y rattache est de dire comment ces questions ont été envisagées au cours du XXe siècle. Car d'une certaine façon, durant ce siècle, s'est élaborée une interprétation de l'immortalité et de la vie éternelle nettement différente de ce qui a été la norme pendant près de deux mille ans. En quoi les choses ont-elles donc changé ?

La réponse est fondamentalement la suivante : dans l'ancienne tradition religieuse, on tenait pour acquis que l'immortalité de l'âme humaine était essentielle à la religion. Le corps humain était sujet à la maladie et à la mort, mais l'âme était immortelle et ne pouvait périr. Qui doutait de l'immortalité de l'âme risquait fort d'être tenu pour un dangereux hérétique, voire un négateur de toute religion. Même aujourd'hui, il est vraisemblable que la moyenne des hommes et des femmes, probablement incertains sur la question de l'immortalité, n'en attendent pas moins de la religion officielle qu'elle continue de la tenir pour un article essentiel de la foi.

Toutefois, qui est au courant de la théologie moderne et en particulier des études bibliques modernes sait qu'il en va tout autrement. Au cours du XXe siècle, c'est devenu pratiquement un lieu commun de soutenir que l'immortalité de l'âme n'appartient nullement aux croyances bibliques, et que le christianisme repose sur la doctrine toute différente de la résurrection du corps. Non seulement l'immortalité diffère de la résurrection, elle n'en serait pas même un point de vue complémentaire, mais s'y opposerait vraiment. Dans le concert de ceux qui ont soutenu ce point de vue, il faut noter en particulier le nom de l'exégète suisse Oscar Cullmann, alors fort écouté : il publia un petit livre qui affirmait précisément cela. Sous le titre provocant *Immortalité de l'âme ou résurrection des morts ?*, il suggérait nettement que l'opposition entre ces deux croyances était pratiquement absolue. Un autre maître de l'exégèse néotestamentaire, Krister Stendahl, tout en abordant la question d'une façon substantiellement différente, s'est montré lui aussi très négatif eu égard à l'immortalité de l'âme. Il écrivait : « Tout ce monde que la Bible, Ancien et Nouveau Testament, nous transmet ne s'intéresse pas à l'immortalité de l'âme [1]. » Ce genre d'opinion exerça vite une grande influence. C'est ainsi qu'un important théologien, Jürgen Moltmann, pouvait dire dans les années 70 : « La résurrection des morts exclut toute idée d'une “vie après la mort” [...] que ce soit sous la forme de l'immortalité de l'âme ou celle de la transmigration des âmes [2]. » En quoi il représentait un courant

1. Krister STENDAHL, *Meanings. The Bible as Document and as Guide*, Philadelphie, Fortress Press, 1984, chap. « Immortality is Too Much and Too Little », p. 193-202 ; la citation est à la p. 196. Voir aussi son Introduction au volume de ses quatre Ingersoll Lectures à Harvard, *Immortality and Resurrection* (New York, Macmillan, 1965). Bien que d'accord avec Cullmann pour éliminer ou atténuer l'idée de l'immortalité de l'âme, STENDAHL s'est montré critique à l'égard de bien des arguments particuliers avancés par Oscar CULLMANN et d'autres qui raisonnaient de même.

2. Jürgen MOLTMANN, *The Crucified God*, Londres, SCM Press, 1974, p. 170, *Le Dieu crucifié*, Paris, Éd. du Cerf, coll. « Cogitatio fidei », n° 80, p. 193 ; cité par N. LASH, *Theology on Dover Beach*, p. 171 s. Voir une discussion des idées de MOLTMANN dans S. W. SYKES, chap. « Life after

d'opinion qui paraît remonter aux origines de la « théologie dialectique » associée aux noms de Barth, de Brunner, de Gogarten et de Bultmann, dans les années 1920. On trouve là non seulement exprimés des doutes sur l'immortalité de l'âme, mais une véritable joie à en refuser toute idée. C'est ainsi que Wilhelm Vischer, dans ses travaux des années 30 sur le Lévitique (un livre en tout cas où il n'était guère de coutume de chercher l'idée de l'immortalité) fait l'éloge de ce livre pour ce qu'il en écarte l'idée [1]. Montrant l'insistance du Lévitique sur *cette vie* dans *ce* pays, Vischer note avec approbation qu'il n'y a « pas un mot sur un au-delà ou sur l'immortalité de l'âme ». Les plus profondes parmi les autres religions (nous dit-il), telles que l'antique religion égyptienne sont des religions de mort [2]. En revanche, le Dieu de l'Ancien Testament est un Dieu de vie. Ces raisonnements sont caractéristiques de ce courant de pensée. Ce dernier semble s'être imposé vers la fin du XXe siècle. Le seul des grands théologiens récents à l'avoir mis en question est, pour autant que je sache, le professeur Maurice Wiles [3].

Nul doute que cela ait représenté un changement d'attitude chez beaucoup de théologiens. Dans les années 20, un Oliver Quick était conscient de la nouveauté : « Ni dans la théologie ni dans la philosophie modernes, on n'a vraiment pris

---

Death, the Christian doctrine of Heaven », dans R. W. A. McKinney, *Creation, Christ and Culture*, Edimbourg, T. & T. Clark, 1976, p. 250-271.

1. W. Vischer, *Das Christuszeugnis des Alten Testaments*, I, 266 (édité pour la première fois en 1934) ; trad. anglaise : *The Witness of the Old Testament to Christ*, Londres, Lutterworth Press, 1949, I, 217.

2. Ironiquement, le même jugement a été prononcé à propos du christianisme : « Le monde des dieux grecs chez Homère doit son éclatante splendeur à ce qu'il est étranger à la mort ; aux yeux d'un Grec instruit, le christianisme devait apparaître comme une religion de la tombe » (Walter Burkert, *Greek Religion*, Oxford, Blackwell, 1985, p. 203).

3. Voir l'appendice « The Resurrection of the Body » dans Maurice F. Wiles, *The Remaking of Christian Doctrine*, Cambridge University Press, 1974, p. 125-146.

conscience du fossé qui sépare la croyance en la résurrection de la croyance en l'immortalité pure et simple ; et pas davantage de ce qu'il a fallu de la part de la Providence pour que l'Église prenne d'emblée fermement parti pour la résurrection [1]. » Pour beaucoup de gens, c'était bel et bien quelque chose de neuf. À la lecture d'un ouvrage de théologie représentatif comme celui de John Baillie *And the Life Everlasting* (1933), écrit peu de temps avant que l'influence de la théologie dialectique commence à se faire largement sentir, on perçoit un point de vue complètement différent. Ce livre s'intéresse à l'immortalité de l'âme parce que l'âme est dans l'humanité ce qui est spécifiquement adapté à la communion avec Dieu. La question des rapports entre cette immortalité et la résurrection des corps est tout juste mentionnée. Non pas que Baillie ait des doutes sur la résurrection, loin de là. Mais il ne lui est évidemment jamais venu à l'esprit qu'il puisse y avoir opposition entre les deux. Pour lui, étant admis que la résurrection des corps est une part essentielle de la foi chrétienne, cela veut dire qu'il nous faut sans attendre envisager les nombreux problèmes vitaux associés avec l'âme, ses rapports avec Dieu, son immortalité. C'est cette manière d'aborder la question qui se trouvait à présent rapidement abandonnée.

Le petit livre de Cullmann demeure le repère le plus efficace de ce changement : en partie parce qu'il se concentre franchement sur l'opposition entre ces deux idées, en partie en raison de sa dimension, du fait que c'est un très grand bibliste qui affirme que toute la Bible est là-dessus unanime ; et en partie parce qu'il associe cette opposition au contraste entre pensée hébraïque et pensée grecque, contraste qui atteignit alors à un sommet dans la faveur du public. Selon cette perspective, il n'y a pas dans la pensée biblique séparation

---

1. Oliver C. QUICK, *The Christian Sacraments*, p. 94 ; cité par WILES, p. 127.

entre le corps et l'âme : le corps et l'âme constituent une unité, et c'est la résurrection du corps qui est essentielle pour la foi. L'idée d'une âme immortelle ne vient pas de l'héritage intellectuel hébreu sur lequel le christianisme est fondé, mais provient de la philosophie platonicienne, et à lire cette idée étrangère dans l'enseignement du Nouveau Testament, on fait subir à celui-ci une grave déformation. Dès lors, l'immortalité de l'âme, dans la mesure où elle a fait partie de la tradition chrétienne, s'y est introduite à la faveur d'une infiltration erronée d'idées philosophiques grecques dans l'univers intellectuel tout différent qui est celui de la Bible.

Il est ici trop tôt pour dire si ces raisonnements sont justifiés ou non. Je les présente ici simplement comme l'arrière-plan nécessaire aux discussions qui vont suivre. On peut commencer par reconnaître ceci : alors que certaines traditions en théologie, et en particulier en théologie philosophique, ont continué de porter un grand intérêt au thème de l'immortalité, d'autres, en particulier celles pour lesquelles le recours à la Bible est essentiel en théologie, ont eu une attitude globalement hostile et ont tendu à l'exclure, comme un élément étranger à la pensée biblique. Comme je suis moi-même un bibliste, et que j'ai l'intention d'aborder la question du point de vue biblique, il me faut commencer par expliquer tout ceci. Et nous reviendrons plus tard à ces questions générales. Mais comme l'indique le titre de ce chapitre, notre première voie d'approche va passer par un récit biblique particulier, récit d'une grande force et qui occupe un rôle central : le récit d'Adam et Ève et de leur expulsion du jardin d'Éden [1].

---

1. Voir un exposé antérieur et plus bref sur le même sujet dans mon essai « The Authority of Scripture. The Book of Genesis and the Origin of Evil in Jewish and Christian Tradition », dans G. R. EVANS (sous la direction de) *Christian Authority. Henry Chadwick Festschrift*, Oxford, Clarendon Press, 1988, p. 59-75.

Qu'il me soit donc permis de présenter tout de suite ma thèse essentielle relativement à ce récit. Voici mon raisonnement : pris en lui-même et pour lui-même, ce récit n'est pas fondamentalement, comme on l'a compris communément dans notre tradition, un récit des origines du péché et du mal, moins encore la description du mal absolu ou de la totale dépravation : ce récit raconte comment l'immortalité humaine faillit bien être acquise, mais en fait fut perdue. C'est là, j'ai à peine besoin de le rappeler, la raison, et la seule, de l'expulsion d'Adam et d'Ève du jardin d'Éden : non pas qu'ils étaient devenus indignes d'y demeurer, ou qu'ils s'étaient irrémédiablement détournés de Dieu, mais, s'ils y étaient demeurés, ils se seraient bientôt approchés de l'arbre de vie, auraient mangé de son fruit et acquis l'immortalité : ils auraient « vécu pour toujours » (Gn 3, 22). Ce qu'ils avaient pratiquement atteint, c'est l'immortalité.

Pour comprendre cela, il nous faut avant tout examiner l'interprétation qui a été la plus répandue et la plus familière : d'après celle-ci, le récit raconte la « chute de l'homme », un changement soudain, drastique et catastrophique, qui a marqué la ruine des rapports de l'homme avec Dieu. Cette interprétation dérive essentiellement de celle de saint Paul. Pour lui, le don total et sans réserve du salut par Jésus Christ est l'image renversée d'un désastre non moins total et sans réserve causé par Adam et transmis par lui à l'espèce humaine tout entière. Par un seul homme le péché est entré dans le monde et, par le péché, la mort, et ainsi la mort s'est répandue sur l'espèce humaine tout entière, considérant que tous ont péché (Rm 5, 12). Dès lors, la mortalité humaine est une conséquence du péché et cela conduit en droite ligne à la mort du Christ pour le péché, à sa victoire sur le péché par sa victoire sur la mort. Le « péché originel » est une formule familière issue de tout ceci : le péché remonte à la plus lointaine origine de l'humanité, et tous nous en héritons. Il n'y eut jamais d'êtres humains qui ne fussent pécheurs, à l'exception d'Adam et d'Ève, et ceux-là d'ailleurs pour un temps très court. Il est facile de voir comment Paul, désireux de bien marquer le caractère total et final de la victoire du Christ sur le péché, s'est tourné vers l'histoire d'Adam et y a trouvé la typologie dont il avait besoin.

Il importe de se rendre compte que cette analogie est pour beaucoup propre à Paul. Elle s'est tellement installée dans la pensée et la tradition chrétiennes qu'il n'est pas si facile de prendre conscience de l'étroitesse de son fondement dans le Nouveau Testament même. La typologie d'Adam et du Christ est absente de l'enseignement de Jésus, des évangiles en général, du reste de la littérature johannique, des épîtres aux Hébreux, de Pierre, et de Jacques, bref de partout. Jésus lui-même, qui a relevé certains autres aspects des débuts de la Genèse, ne voit absolument pas en Adam ou Ève les personnes responsables d'avoir introduit dans le monde le péché et la mort. En dehors de Paul, Adam n'est que très peu nommé dans le Nouveau Testament, et seulement en passant. Et même chez Paul, la typologie d'Adam et du Christ n'est pas si fréquente : elle n'est mentionnée explicitement qu'en Rm 5, 1 Co 15 et 1 Tm. Il est clair que le christianisme néotestamentaire n'a pas éprouvé universellement le besoin d'insister sur le péché d'Ève et d'Adam comme le moyen par lequel la mort est entrée dans le monde : des livres entiers ne le mentionnent même pas. C'est une particularité de saint Paul, et il est fort probablement à l'origine de cette idée ; ou, pour être plus précis, le recours si important à cet élément *dans le christianisme* aura eu chez lui son point de départ [1]. Car, nous le

---

1. L'argumentation que je présente ici n'est pas le moins du monde nouvelle, mais beaucoup, se sont dérobés en affectant de l'ignorer. N. P. WILLIAMS, *The Ideas of the Fall and of Original Sin*, Londres, Longmans, 1927, p. 115 s. essaye de la repousser en avançant que dans le style épistolaire on n'éprouve pas le besoin de mentionner des choses qui sont admises universellement ; mais lui-même doit renoncer à toutes les implications de ce raisonnement et se contenter de dire qu'au moins « aucune autre théorie sur l'ori-

verrons, il y a dans la littérature juive des prédécesseurs de Paul qui lui ont tracé la voie. Dès lors, pour puissante que la comparaison entre Adam et le Christ devait se révéler, ce n'est pourtant pas une structure essentielle de la foi chrétienne primitive, mais seulement un élément d'une typologie à laquelle une personne, ou une tradition particulière, a eu recours pour exprimer sa façon de comprendre le Christ.

C'est une typologie à tous égards créatrice aussi longtemps qu'on n'y voit pas autre chose. Mais l'usage typologique de la figure d'Adam n'est pas la même chose que l'explication de chaque détail du récit. Nous verrons que bien des détails et des aspects du récit ne se laissaient pas aisément insérer dans l'interprétation paulinienne. Le plus évident et le plus important, c'était la place de *la mort*. Dans la lecture chrétienne la plus traditionnelle de ce récit, les êtres humains étaient sans péché, ni atteints ni menacés par la mort : mais du fait d'un acte unique de désobéissance, ils étaient tombés instantanément sous le pouvoir total du péché et assujettis au pouvoir de la mort. Il se pourrait bien que le récit, lu pour lui-même, dans son contexte culturel hébreu ancien, dise le contraire. Le récit ne dit nulle part qu'avant de désobéir Adam était immortel, qu'il ne devait jamais mourir. Culturellement, il est même naturel de supposer le contraire : vieillir et mourir dignement, entouré de sa famille et de ses enfants, tel était le destin normal auquel Adam devait sûrement s'attendre, comme n'importe qui d'autre. Mourir est humain ; les dieux seuls, de manière générale, vivaient pour toujours [1]. Inversement, le problème créé par la désobéissance d'Adam (un problème pour Dieu, surtout) n'était pas qu'Adam avait introduit la mort dans

---

gine du mal n'était disponible dans le domaine pagano-chrétien » au moment où Paul écrivait.

1. Dans l'Antiquité, un dieu pouvait être tué (par un autre dieu), même si cela n'arrivait que rarement ; mais un dieu ne pouvait pas vieillir et mourir « de mort naturelle », c'est-à-dire de vieillesse.

le monde, mais qu'il s'était rapproché de l'éventualité lointaine de l'immortalité. C'est pour cette seule raison qu'ils devaient, lui et sa femme, être chassés du jardin d'Éden.

Mais avant de nous occuper davantage du récit lui-même, qu'il me soit permis de faire état de plusieurs réserves qu'on devrait opposer à la tradition commune selon laquelle ce récit est l'histoire de la « chute », du péché originel par lequel est venu tout ce qu'il y a de péché et de mort dans la vie de l'homme et son histoire. Premièrement, il n'est pas sans importance que le terme de « péché » ne soit nulle part employé dans le récit — il apparaît pour la première fois dans la Bible dans une phrase assez obscure, dans l'histoire de Caïn (Gn 4, 7) —, et l'on n'y trouve pas davantage l'un quelconque des termes habituellement rendus par « mal », « révolte », « transgression », « faute ». Le récit se développe sur le plan pratique, de l'action : « si vous en mangez, ce jour-là vous mourrez », « Dieu leur fit des pagnes de peau », etc., et rien de tout cela n'est explicitement formulé comme « péché » ou « origine du mal ».

Deuxièmement, l'histoire d'Adam et d'Ève n'est, dans la Bible hébraïque, nulle part invoquée pour expliquer le péché et le mal dans le monde. Cette référence, qui nous paraît toute naturelle, ne s'y rencontre pas. C'est d'autant plus frappant que les Hébreux étaient tout à fait capables de renvoyer au commencement des choses, par exemple Is 43, 27, « ton premier père a péché » : mais il ne s'agit pas alors d'Adam mais de Jacob ou de quelque autre des pères fondateurs d'Israël [1].

---

1. Ceci est généralement admis. « Il ne peut s'agir d'Abraham mais de Jacob » dit par exemple C. R. NORTH à propos de Os 12, 3 (*The Second Isaiah*, Oxford, Clarendon Press, 1964, p. 130). Il n'envisage pas même qu'il puisse s'agir d'Adam. Aaron serait un candidat plus sérieux, comme me l'a aimablement suggéré le Dr J. Gerald JANZEN. Le contexte parle de sacrifices (Is 43, 23 s.) et les « princes du sanctuaire » sont mentionnés immédiatement après (v. 28). Aaron, qui avait pris l'initiative dans l'incident bien connu du

L'Ancien Testament a certainement profondément conscience de la réalité et de l'omniprésence du péché et du mal. Mais nulle part, dans aucun des livres du canon hébreu, on ne rend compte de l'existence et de la gravité du mal par la raison que la désobéissance d'Adam en serait à l'origine ou l'aurait rendu inévitable. Il n'est pas évident que dans l'Ancien Testament on se soit préoccupé de connaître ou de trouver au mal une origine ou une cause universelle unique.

En fait, loin de voir dans la culpabilité universelle de l'humanité un fait obvie et inéluctable, l'Ancien Testament semble envisager la possibilité *d'éviter* le péché. Dans la perspective chrétienne orthodoxe, Ps 51, 5 (51, 7 en hébreu) : « Dans le péché ma mère m'a conçu » a toujours constitué un texte de prédilection. Mais ce qui frappe d'abord, c'est à quel point il s'agit d'un texte isolé, et combien peu d'autres passages semblent redire la même chose. Il n'en existe peut-être aucun autre qu'on puisse invoquer à l'appui de l'existence d'une ambiance universelle du mal dans laquelle chacun serait né.

L'existence d'une telle opinion ne doit pas nous surprendre. C'était une idée largement répandue que tout le monde péchait ; idée nullement originale dans l'Ancien Testament, mais qui appartient aussi à l'atmosphère religieuse ambiante. En Mésopotamie, s'adressant à Mardouk un fidèle dit :

> Qui n'a pas péché, qui n'a pas commis de faute ?
> Qui peut discerner la voie des dieux [1] ?

Veau d'or, présentait l'image d'un pécheur exceptionnel parmi les personnages des premiers temps d'Israël.

1. W. von Soden, *Mitteilungen der Deutschen Orient-Gesellschaft*, 96, 1965, 48 ; cité par H. W. F. Saggs, *The Encounter with the Divine in Mesopotamia and Israel*, Londres, Athlone Press, 1978, p. 117. Sur l'ensemble du sujet voir dans Saggs, le chapitre 4, p. 93-124, « The Divine in Relation to Good and Evil. ».

L'idée existait certainement que tous les êtres humains étaient pécheurs, et le Psaume 51 la résume puissamment. Mais on ne peut y voir un principe théologique universel minutieusement réfléchi. Car dans une même culture, et en particulier à l'intérieur de l'Ancien Testament, elle côtoie d'autres idées qui témoignent d'une orientation toute différente. C'est seulement parce qu'on a lu les Psaumes à travers le prisme d'une perspective postérieure qu'on y a vu des poèmes profondément imprégnés du sens du péché et de la nécessité de l'expiation. Tel est bien parfois réellement le cas, mais souvent aussi l'inverse se rencontre. Ce qui est frappant, en bien des endroits, c'est l'insistance du psalmiste sur ce qu'il est sans reproche et sans faute (lui-même ou le fidèle au nom duquel il parle). Il y a bien sûr partout des pécheurs et des malfaisants, mais le poète, lui, n'en fait pas partie, non plus que le fidèle qui prie avec ce poème.

> Le Seigneur me traite selon ma justice...
> car j'ai gardé les chemins du Seigneur,
> je n'ai pas été infidèle à mon Dieu...
> J'ai été intègre avec lui,
> et je me suis gardé de toute faute.
> (Ps 18, 21-24 ; TOB.)

Et encore dans le Psaume 26, le poète répète qu'il « a été intègre » (v. 1, 11) : il est entouré de pécheurs, mais il n'est pas des leurs. En Rm 3, 9-18, Paul affirme que « tous les hommes, Juifs et Grecs, sont sous l'empire du péché », et il cite une série de passages des Psaumes et d'Isaïe ; mais il suffit d'un coup d'œil sur ces textes dans leur forme originale pour voir qu'il n'y est pas question d'un péché universel, et que deux groupes de personnes y sont envisagés, le pécheur d'un côté, le juste de l'autre. Paul cite le Psaume 14, 1-2 en ce sens :

> Il n'y a pas de juste, pas même un seul.
> Il n'y a pas d'homme sensé, pas un qui cherche Dieu...

mais il est fort probable, d'après l'hébreu, que cela s'applique aux « fous » qui figurent au tout début et non pas à la totalité des hommes. Il n'est pas besoin de chercher plus loin que le verset 5 de ce même psaume pour voir que

> Dieu est avec la génération des justes,

« génération » qui est évidemment un groupe opposé à celui des « fous » qui disent qu'il n'y a pas de Dieu et qui font l'objet de la réprobation du psalmiste. La démonstration de Paul, à savoir que le péché est universel, que « tous, tant Juifs que Grecs » sont « sous l'emprise du péché », ne peut se faire qu'en retirant de son contexte la phrase du psaume, « il n'y a pas de juste, pas même un seul ».

Dans le Psaume 17 également, le chantre invite Dieu à le mettre à l'épreuve, confiant que Dieu ne trouvera en lui rien de mal. « J'ai évité, dit-il, les chemins des violents, j'ai marché sur tes traces, mes pas n'ont pas chancelé. » C'est une observation qu'on peut réitérer.

Les mêmes idées apparaissent dans le livre de Job. Tout dans l'atmosphère de la Bible hébraïque réfute l'idée que le péché et le mal sont, du point de vue des principes théologiques, partie inhérente nécessaire en toute vie humaine. De violentes irruptions du mal, oui ; mais l'emprise constante du mal, non.

Il n'est donc pas surprenant que le courant principal de la tradition juive tel que nous le connaissons depuis le Moyen Age ait refusé d'admettre une quelconque doctrine du péché originel. Il ne s'ensuit pas pour autant que pareilles idées n'aient jamais existé aux stades antérieurs de la tradition juive, et nous verrons qu'il en a de fait existé. Des interprétations se sont fait jour, qui ont toute l'apparence de l'idée d'un péché originel universel, on les trouve dans des traditions juives de la période entre l'Ancien et le Nouveau Testament. Il est possible cependant de lire l'Ancien Testament canonique, en lui-même, de manière à n'y rien voir qui ressemble au péché originel dans ses éléments essentiels. Il y a bien sûr dans l'Ancien Testament pages sur pages d'actions mauvaises, et les désastres consécutifs au non-respect de la volonté de Dieu y sont pratiquement la norme. Mais il s'agit de mal *positif*, non d'un mal imposé par héritage, une propension au mal que les hommes ne pourraient par eux-mêmes surmonter. Du moins peut-on faire cette lecture.

Pour notre sujet, la question de *la mort* est encore plus rigoureusement centrale, comme cela est souligné dès le début. Dieu dit à l'homme, avant que la femme n'entre en scène : « Tu ne dois pas manger du fruit de cet arbre ; car le jour où tu en mangerais tu es sûr de mourir. » Plus tard, le serpent dit à Ève : « Bien sûr tu ne mourras pas. Car Dieu sait que quand vous aurez mangé de ce fruit vos yeux vont s'ouvrir et vous serez comme Dieu, connaissant le bien et le mal. » Ils mangent du fruit ; leurs yeux s'ouvrent, ils s'aperçoivent qu'ils connaissent le bien et le mal ; et ils ne meurent *pas*. C'est le serpent qui avait raison sur ce point. Ils ne sont pas morts. En fait, le châtiment imposé à l'homme inclut bien *la mention* de la mort : à cause de l'homme, le sol est maudit, et l'homme connaîtra toute sa vie un travail pénible et l'échec. C'est à la sueur de son visage qu'il mangera sa nourriture, jusqu'à ce qu'il retourne au sol, car c'est du sol qu'il a été pris, et il retournera à la poussière. Oui, c'est vrai, mais ce n'est pas là la mort « au jour même » où ils ont désobéi, ce n'est pas la mort en elle-même qui est la réponse de Dieu à la désobéissance : le châtiment se situe plutôt dans le domaine du *travail*. En soi, le travail n'a rien de terrible : Adam était placé dans le jardin pour « le cultiver et le garder », il s'agissait évidemment d'un travail facile, dans des conditions idéales, à cueillir le fruit des arbres tout en travaillant. Le châtiment consiste en ceci que *le sol* encourt une malédiction : il va produire des ronces, et Adam devra se nourrir des herbes qui seront mêlées à ces ronces, cause d'un labeur sans fin et sans succès. Peine et échec dans le travail, labeur pénible et frustration dans ce labeur même, et la dernière frustration c'est la mort, preuve définitive, loin dans l'avenir, que tout son travail ne le mènera nulle part. Au contraire, sa mort signifiera qu'il retournera à son tour à ce même sol réfractaire qui lui a fait la vie si amère. Sa mort n'est pas le châtiment, elle est seulement le mode selon lequel fonctionne le châtiment dans son stade ultime. De toute façon il devait mourir, mais *cette* formulation de sa mort souligne son échec à maîtriser le sol et le fait qu'il appartient lui-même à ce dernier.

La mort à laquelle Adam succombera finalement, son « retour à la poussière » (car, et c'est significatif, le terme de « mort » n'est pas utilisé ici) n'est donc pas en soi un châtiment, comme l'ont compris longtemps beaucoup de spécialistes. Il est clair qu'il en est ainsi, à considérer la réaction de Dieu face au serpent et face à la femme. Prenons d'abord la femme : elle est sûrement impliquée autant que l'homme dans la désobéissance : c'est elle qui a parlé avec le serpent et s'est laissé persuader par lui ; pour autant que quelqu'un ait réfléchi à la question, c'est elle qui l'a fait ; c'est elle qui a pris le fruit défendu, et c'est elle qui l'a donné à son mari. Dès lors, si quelqu'un a encouru la peine de mort, c'est bien elle. Mais l'énoncé de *son* châtiment ne dit rien de la mort. À coup sûr, ce qui l'attend n'est pas rien : l'accroissement des douleurs de l'enfantement, le désir qui la porte vers son mari, une certaine domination de celui-ci sur elle, toutes choses certes peu plaisantes — mais toutes choses bien moindres que la mise à mort ! Et de même pour le serpent qui, sans aucun doute, porte dans cette affaire une très lourde responsabilité : il rampera sur le ventre tous les jours de sa vie, au lieu de marcher debout comme il devait le faire jusqu'alors ; il devra se nourrir de la poussière ; l'inimitié entre lui et le genre humain sera éternelle. Mais ici encore, on est loin d'une mise à mort immédiate. La postérité de l'homme pourra bien écraser la tête du serpent, celui-ci aura sa part de revanche, en mordant l'homme au talon. Peut-être les serpents trouvent-ils du plaisir à ce genre de vie. En tout cas, il n'est pas ici question de mort. Et ce qui est vrai du serpent et de la femme l'est aussi de l'homme : son retour à la poussière fait partie de l'image amère de sa vie agricole ; à la fin, après s'être tant battu avec une terre ingrate, il sera lui-même absorbé par elle et à son tour lui sera assimilé. Le « retour à la poussière » n'est mentionné qu'à propos du seul Adam, précisément parce qu'il est le seul des trois qui aura à cultiver la terre, aux prises avec ses pierres et ses ronces.

Ajoutons tout de suite ceci, pour prévenir une éventuelle objection : il n'est pas légitime de prétendre que, si Adam et Ève ne sont pas vraiment morts tout de suite après avoir désobéi, ils n'en furent pas moins « condamnés à mort » et que dès lors la mise en garde divine, à savoir qu'ils mourraient le jour où ils auraient mangé du fruit de l'arbre, s'est bel et bien réalisée. C'est un faux-fuyant devant l'évidence du texte. Ce que Dieu a dit au début est une mise en garde, une mise en garde d'un type largement représenté ailleurs dans la Bible : « si tu fais cela, tu mourras à coup sûr » — il s'agit clairement d'un châtiment immédiat. Ce type de mise en garde s'adresse à des *mortels* et il est bien représenté ailleurs dans la Bible. Les mortels savent qu'ils finiront par mourir ; ce qu'ils veulent éviter, c'est de mourir *à présent* ou dans un proche avenir. Une telle mise en garde n'a de sens que si elle est suivie rapidement d'effet. L'avertissement divin ne peut signifier qu'une mort prochaine — pas nécessairement dans les vingt-quatre heures en un sens totalement littéral, mais certainement une réaction prompte à défaut d'être immédiate. L'expression a son parallèle dans d'autres mises en garde dans la Bible : par exemple, dans l'avertissement de Salomon à Shimei en 1 R 2, 37.42, littéralement : « Le jour où tu sortiras et franchiras le ravin du Cédron, sache bien que tu mourras immanquablement. » Peut-être ne fut-il pas mis à mort le jour même, il a pu s'écouler un jour ou deux avant que Salomon fût informé de l'incident. Mais l'exécution ne fut pas longtemps repoussée. La mise en garde n'aurait guère eu de poids si elle avait voulu dire : « Bon, tu mourras un jour dans les vingt ou trente années à venir. » Aucun d'entre nous ne serait dissuadé de faire une mauvaise action si l'on nous disait : « Si vous faites cela, vous serez un homme mort (ou une femme !) dans cent ans. » Adam devait vivre encore longtemps, jusqu'à l'âge de 930 ans d'après Gn 5, 4-5 : il n'est pas sérieux de dire que sa mort au terme de cette très longue vie (la quatrième par sa longueur dans la Bible) réaliserait l'avertissement reçu, qu'il mourrait « le jour » où il aurait mangé le fruit défendu. L'avertissement concernait un châtiment rapide. Cela veut dire au contraire que le châtiment annoncé n'a pas été exécuté. Certes, Adam est mort ; mais il serait mort de toute façon. Selon un récit, il devait mourir misérablement, absorbé dans le sol réfractaire contre lequel il avait dû lutter toute sa vie ; selon un autre, il est mort à l'âge de 930 ans, comblé de jours : c'est une image probablement plus positive. Dans tous les cas, dès le début il devait mourir un jour. La façon dont il est mort est peut-être la conséquence de sa désobéissance, mais sa mort en elle-même ne l'est pas.

Et ce n'est pas le seul élément indiquant que l'origine du péché et du mal n'est pas l'unique centre d'intérêt de notre récit, ou même le principal. Il y a aussi l'absence dans le texte de toute atmosphère de culpabilité et de tragique. Non seulement, nous l'avons vu plus haut, le vocabulaire de la culpabilité et de la révolte est absent, mais il en va de même de l'atmosphère de catastrophe. À l'opposé de Caïn, qui déplore que sa faute ou son châtiment soient trop lourd à porter pour lui (Gn 4, 14), Adam ni Ève n'expriment rien de tel. Certes, Dieu est en colère car les êtres humains ont désobéi à son ordre, et naturellement ils ont peur de lui et se cachent au milieu des arbres. Mais les relations ne sont pas rompues entre Dieu et eux. Même si le ton monte, ils continuent à se parler normalement. Il n'est pas vrai que les relations entre Dieu et le couple humain soient rompues.

On a souvent vu dans la mention de la nudité de l'homme et de la femme l'expression d'un sentiment de culpabilité. Mais ici encore, cela ne s'impose pas : une telle lecture de ce texte pourrait être le résultat de siècles d'une expérience chrétienne qui percevait ainsi la nudité. Le fait qu'ils se savent nus fait directement suite à leur acquisition de la connaissance. La connaissance entraîne une gêne. Avant de désobéir, ils étaient nus sans nul embarras, parce que ce type de connaissance leur faisait défaut. À cet égard, il en allait pour eux comme pour le monde animal. Une fois acquise la connaissance, ils ne peuvent rester dévêtus : ils se cachent de Dieu parce qu'ils sont nus, et Dieu ne tarde pas à leur fabriquer des vêtements pour qu'ils se couvrent, car la réalité humaine demande normalement des vêtements. Toute cette question de nudité et de vêtements n'exige pas d'être interprétée comme s'il s'agissait d'un grave sentiment de culpabilité. Mais nous reviendrons sur ce point dans un chapitre ultérieur.

Un autre trait le confirme : c'est l'aspect assez peu sérieux de toute l'affaire. Il y a longtemps qu'on l'a remarqué et c'est fort bien illustré par la réflexion : « Et tout ça pour une pomme ! » Quand un Dieu impose pour seule restriction à l'humanité de ne pas manger du fruit d'un arbre particulier, il ne met pas l'accent sur quelque principe moral essentiel. Manger de ce fruit n'entre pas dans la même catégorie pénale que le meurtre, qui constitue la faute de Caïn, ou que de remplir le monde de violence, comme l'a fait la génération précédent le Déluge. Qu'y avait-il de mal à manger de ce fruit ? En fait, on nous laisse supposer que Dieu voulait se réserver la connaissance du bien et du mal : il ne veut pas la partager avec quiconque et, plus encore, il veut se réserver la réalité de la vie éternelle. Le caractère purement irrationnel de l'interdiction de manger du fruit de cet arbre et de la menace de perdre la vie en cas de transgression a exercé une grande influence sur l'histoire de l'interprétation : on en a déduit que le moindre écart par rapport au moindre des commandements divins, ce commandement fût-il dénué de fondement moral perceptible, constituait et devait constituer un péché totalement catastrophique qui devait éloigner de Dieu non seulement le coupable direct mais encore tous ses descendants à venir et en fait toute l'humanité future. Or rien de tout cela ne se trouve dans le récit tel qu'il est. C'est Dieu qui se trouve placé dans un éclairage plutôt ambigu. Il a prononcé un interdit moral arbitraire et l'a renforcé d'une menace de mort qu'en réalité il n'a pas mise à exécution. Bien sûr, il est en colère, et l'homme et la femme sont effrayés. Mais, après avoir énoncé les humiliations, les restrictions et les frustrations auxquelles ils seront soumis, il poursuit en prenant soin d'eux et en leur procurant les vêtements dont ils ont besoin, avant de les chasser du jardin d'Éden. Le ton du récit est d'un caractère légèrement ironique et comique plutôt que celui d'une tragédie ou d'une catastrophe sans recours. Bloom parle de « la joie ironique[1] » de l'auteur de J ; qu'on me permette une longue citation de Sean McEvenue[2] : « Un style piquant maintient l'écart entre l'auteur et le lecteur. Jamais celui-ci n'est invité à s'identifier ou à sympathiser avec aucun personnage du récit. Il ressent l'habileté de l'auteur sans recevoir de sa part un message grave. Le récit traite de péché et de châtiment, mais nul biais subtil dans la narration, nul artifice rhétorique ne vient lui faire éprouver de la peur, de la culpabilité ou de la peine. Le péché ou le mal ne sont pas traités avec une particulière profondeur théologique ou philosophique ; les pas-

1. Harold BLOOM, *The Book of J*, New York : Weidenfeld, 1990, p. 175.

2. Sean MCEVENUE, *Interpreting the Pentateuch*, Collegeville, Minnesota, Liturgical Press, 1990, p. 65.

sages les plus mémorables, sur la tentation en 3, 1-6 et sur la faute en 3, 7-13, se caractérisent plutôt par cette subtilité dramatique qu'on associe plus volontiers à la comédie qu'à la tragédie. » Cela est confirmé par un autre facteur, la motivation de la femme et de l'homme — plus particulièrement de la femme, car le texte ne fournit aucune indication sur la motivation de l'homme. Ici encore, la théologie traditionnelle avait une explication simple et claire, mal soutenue toutefois par le récit lui-même. En Occident en particulier, depuis saint Augustin, et de plus en plus en tout cas, dans la théologie protestante, l'explication donnée est celle de l'orgueil, la *superbia*, le désir d'être plus qu'humain, de transcender les limites de l'humanité pour être comme Dieu, en dehors du monde et au-dessus du monde. Il pourrait bien s'agir là d'une intuition imaginative importante et pleine de vérité quant à la théologie de l'humaine nature. Mais cette intuition est mal fondée dans le récit d'Adam et Ève. Rien ici ne suggère l'idée qu'ils aient désiré être comme des dieux. En parlant avec Ève, le serpent fait remarquer que Dieu sait que, dès qu'ils auront mangé de ce fruit, leurs yeux s'ouvriront et qu'ils seront comme des dieux, connaissant le bien et le mal. Et comme pour d'autres choses que le serpent a dites, il ne fait pas de doute qu'il y ait ici du vrai. Du point de vue du serpent, il s'agit de donner la motivation de Dieu : Dieu ne veut pas que les humains soient comme des dieux, connaissant le bien et le mal. Mais cela ne veut pas dire que le désir de devenir divins était la motivation des humains. Sans doute la femme a-t-elle entendu cette remarque, mais il n'est pas sûr pour autant qu'elle ait eu envie de devenir semblable à un dieu. Elle a vu que l'arbre était *a.* bon à manger, *b.* beau à regarder, et *c.* excellent pour procurer la sagesse (ce dernier point est un peu incertain car d'autres sens sont possibles, mais restons-en là pour le moment). Elle prit du fruit et en donna à son mari. Rien ici qui suggère le désir d'un statut et d'un pouvoir surhumains, rien qui suppose de retirer à Dieu le gouvernement du monde.

Les motifs de la femme sont nettement dans l'ordre des passions normales et limitées de l'humanité. Ce qui l'a attirée, c'est l'aspect diététique (les qualités de cette nourriture), l'aspect esthétique (une belle apparence), et l'aspect éducatif (la capacité de procurer la sagesse). Rien ici qui évoque une révolte contre Dieu, une volonté titanesque de s'emparer d'un statut divin. La motivation est dépeinte d'un trait particulièrement léger. Même la connaissance du bien et du mal, explicitement mentionnée par le serpent comme ce qu'il fallait attendre une fois le fruit consommé, ne fait pas partie de ce qui a réellement motivé la femme. Ce qui s'en approche le plus c'est sa remarque, que le fruit est bon pour rendre sage. Si la femme mérite d'être blâmée, c'est plutôt pour s'être limitée à des attraits à court terme, comme la valeur nutritive, le bel aspect et le rôle éducatif, au lieu de penser à des réalités d'une tout autre portée, comme la connaissance du bien et du mal. Il en résulte que la motivation n'est guère l'aspiration à un statut divin, moins encore la révolte contre Dieu ; c'est bien plutôt un mélange d'attrait physique, de curiosité, et d'insouciance ou d'inadvertance. C'est comme s'il y avait chez vous, au mur, un gros bouton rouge avec la notice suivante : « bouton à ne toucher en aucun cas » ; un beau jour arrive un imposant fonctionnaire en casquette à galon doré ; vous l'interrogez et il dit : « Bien sûr, on vous a dit de ne pas y toucher, mais ce ne sont que des mots ; vous pouvez y toucher sans aucun danger ; en fait, le courant électrique n'en sera sans doute que meilleur. » Alors bien sûr vous poussez le bouton, et bang ! la maison part en fumée.

Bref, nulle part dans tout le récit, l'un ou l'autre membre du couple humain ne manifeste le moindre désir d'échapper aux limites de son humanité. Il n'y a pas d'accents de révolte contre Dieu. Nous voyons donc une fois de plus que le thème majeur n'est pas ici l'origine du péché et du mal et, dès lors, il reste deux thèmes que le récit explicite lui-même, celui de la connaissance et celui de l'immortalité. Et cela nous amène à un autre aspect similaire. C'est bien sûr Dieu qui sort de cette histoire avec un dossier moral légèrement chargé. Pourquoi veut-il se réserver la vie éternelle au lieu d'accepter de la partager avec Adam et Ève ? Plus grave encore, pourquoi ne veut-il pas qu'ils aient la connaissance du bien et du mal ? Qu'a donc cette connaissance de mauvais pour qu'ils ne doivent pas la posséder ? Et si nous considérons de nouveau un moment l'interprétation traditionnelle : si avant d'avoir désobéi, Adam et Ève étaient complètement exemptés de la mort, pourquoi donc dans ces conditions devaient-ils vivre éternellement sans avoir aucune connaissance du bien et du mal, pourquoi devaient-ils être une sorte de jouet humain vivant dans un paradis dans lequel nul sens moral n'était et ne devait jamais être nécessaire ? Si Dieu avait ainsi créé des êtres terrestres supérieurs dotés dès le départ de la vie éternelle ou de l'immortalité et que d'autre part ces êtres remarquables devaient être dépourvus de tout sens moral ou de tout besoin d'un quelconque sens moral, est-ce là un beau crédit à porter au compte de la divinité ? Non, tout indique une autre direction : Adam et Ève étaient des mortels, comme c'est le cas normal des êtres humains mais, soit désobéissance, soit malchance, peut-être d'une nature relativement mineure, il s'en est fallu de peu qu'ils parviennent à la vie éternelle. Ceci est de grande importance pour le sujet qui est le nôtre, car cela signifie que dans la structure de la pensée biblique l'immortalité n'a pas été introduite de manière marginale, à la façon d'un post-scriptum, ou par une intrusion de la philosophie grecque. L'idée en est du moins présente dès les tout premiers stades, et elle aura un effet sur une grande part de la pensée ultérieure.

Il paraît vraiment très probable que ce type d'intérêt pour l'immortalité, tel qu'on l'entend ici, n'est pas chose nouvelle dans l'Ancien Testament. C'est quelque chose qui se rattache à un arrière-plan mythologique plus vaste et plus ancien dont une partie seulement est demeurée vivante en Israël aux époques bibliques. Dans ce monde, il est clair que les humains sont mortels ; les dieux seuls sont immortels. Mais il y a des exceptions ou, du moins, pareilles exceptions ne sont pas impensables. Il y en a deux ou trois cas dans la Bible. Les deux cas évidents et sûrs sont ceux d'Énoch et d'Élie. D'Énoch, le septième depuis Adam dans l'ordre de succession, on nous dit qu'il « marchait avec Dieu » et qu'il « ne fut plus », qu'il ne fut plus là, car Dieu l'avait pris (Gn 5, 22.24). Il avait alors 365 ans et, à la différence des autres patriarches, sa mort n'est pas signalée : il n'est pas mort. À l'époque du Nouveau Testament, on s'en souvenait encore : « Par la foi Énoch fut emporté de sorte qu'il ne vit pas la mort » (He 11, 5). Et de même pour Élie en 2 R 2 : un chariot céleste l'enleva et, chose remarquable, bien que l'événement fût véritablement exceptionnel, il était connu d'avance, en partie du moins, du groupe des prophètes qui en parlent sans surprise.

Le troisième cas n'entre pas tout à fait dans la même catégorie : c'est celui de Moïse, dont on nous dit que sa tombe est restée inconnue, et le texte dit, de façon énigmatique : « et on l'enterra » (Dt 34, 6), ce qui laisse ouverte la question de savoir qui l'a enterré : s'agit-il d'un autre cas d'enlèvement surnaturel ? Cela est peu probable pour l'Ancien Testament même, mais c'est sûrement le cas pour des textes plus tardifs notamment l'*Assomption de Moïse*, où Moïse dit : « Car entre ma mort, c'est-à-dire mon assomption, et son avènement [c'est-à-dire celui de l'Être céleste] il s'écoulera deux cent cinquante périodes de temps [1] » (*Assomption de Moïse*, 10, 12). Cela peut paraître étrange, mais le midrash tannaïtique Sifré

1. Le texte suit celui de R. H. CHARLES revu par J. P. M. SWEET et publié dans H. F. D. SPARKS, *The Apocryphal Old Testament*, Oxford, Clarendon Press, 1984, p. 614. D'après la note de SWEET, le terme « deux cent cinquante temps » peut signifier « deux cent cinquante semaines d'années ». Le mot « temps » pour désigner des années ou de plus longues périodes, déjà en Daniel.

dit explicitement : « Il y en a qui disent que Moïse n'est pas mort mais demeure et sert là-haut [1]. » Cette idée était connue de Josèphe et de Philon. Le premier écrit que Moïse, couvert soudain par une nuée, « disparut » dans un ravin ; pour ne pas donner l'impression qu'il était « retourné auprès de la divinité », *pros to theion anachôrêsai* (expression utilisée auparavant pour Énoch), il avait écrit lui-même qu'il était mort. On avait envisagé la même éventualité lors de son séjour indûment prolongé sur le mont Sinaï et on avait pensé qu'il n'en redescendrait plus [2]. Philon fait remarquer que la mort de Moïse n'est pas rapportée avec la formule habituelle (il doit penser à « il poussa son dernier soupir » ou « être réuni avec ses pères » et estime qu'elle serait convenablement décrite par le verbe, *metanistatai*, « il fut transporté [3] », étroitement semblable au verbe *metetethè* employé pour Énoch en He 11, 5. Étudiant cette question, Goldin écrit : « Qu'il soit clairement dit que Moïse est mort ne constitue pas un problème grave. En nombre de cas le midrash n'hésite pas à se singulariser, sans tenir compte de ce que dit clairement le texte biblique. » Et il poursuit en indiquant pourquoi ces idées assez inattendues sur la mort de Moïse sont nées dans la pensée juive. L'importance de l'*Assomption de Moïse* ressort évidemment de la citation qui en est faite dans le Nouveau Testament (Jude 9 ; à tout le moins s'agit-il d'une légende apparentée). Davantage encore la présence de Moïse à côté d'Élie sur la montagne de

1. SIFRÉ sur le Deutéronome, 357, p. 428. Voir l'essai de Judah GOLDIN, « The Death of Moses : an Exercise in Midrashic Transposition », dans J. H. MARKS et R. M. GOOD, *Love and Death in the Ancient Near East. Essays in Honor or Marvin H. POPE*, Guilford (Conn.), Four Quarters, 1987, p. 219-225 ; citation de la p. 220.

2. Josèphe, *Antiquités*, IV, 326 ; sur Énoch, I, 85 ; sur le mont Sinaï, III, 96.

3. PHILON, *Les Sacrifices d'Abel et de Caïn*, Paris, Éd. du Cerf, coll. « Œuvres de Philon d'Alexandrie », n° 4, 1966.

la Transfiguration pourrait avoir subi l'influence de cette idée que ces deux personnages des temps anciens étaient toujours vivants.

Ce que je veux dire, c'est qu'Adam et Ève ne sont pas très loin d'appartenir à cette même classe. Il y a cependant une différence : les autres ont obtenu la vie éternelle en servant Dieu de façon exceptionnelle ; Adam et Ève s'ils ont failli de peu l'obtenir l'ont fait *a.* non pas en servant de façon exceptionnelle mais en désobéissant, et *b.* de façon plus ou moins accidentelle ou fortuite, dans la mesure où c'est par une tout autre voie qu'ils ont obtenu l'accès à l'arbre de vie. Dans les autres cas, il en va autrement ; c'est-à-dire que l'accès à la vie éternelle, accordé très exceptionnellement, dépend du pouvoir et du vouloir de Dieu d'accorder cette vie.

Ce raisonnement a montré combien l'immortalité était au centre de l'histoire d'Adam et Ève ; ce faisant, on a relativisé les aspects qui, depuis saint Paul, ont été le plus fortement mis en valeur, à savoir l'idée du péché et de l'origine du mal, en particulier l'idée que le péché a introduit la mort dans le monde et placé tous les humains sous l'empire du péché et de la mort. J'ai essayé de montrer que, dans la Genèse, l'homme et la femme étaient mortels dès l'origine et que leur désobéissance a créé un problème parce qu'elle les a conduits à l'éventualité d'une vie éternelle. Mais l'interprétation paulinienne elle aussi a son origine et son arrière-plan dans des écrits antérieurs à Paul. Le plus clair, et de beaucoup, des antécédents de Paul se trouve dans la Sagesse de Salomon : c'est là que sont énoncés le plus clairement les paramètres qui devaient se révéler normatifs pour saint Paul :

Or Dieu a créé l'homme pour qu'il soit incorruptible *(ep'aphtarsia* [1]*)* et il l'a fait l'image de ce qu'il possède en propre.

---

1. On peut s'interroger sur le sens exact ici de *épi* : signifie-t-il que les

Mais par la jalousie du diable la mort est entrée dans le monde,
et ils la subissent, ceux qui se rangent dans son parti *(meris).*
(Sg 2, 23-24).

Tout ce sur quoi repose l'image paulinienne d'Adam se trouve ici. L'humanité a été créée immortelle, ou du moins destinée à l'immortalité. Dieu étant immortel, l'image de Dieu dans l'humanité partage cette immortalité. Le serpent de la Genèse est le diable. C'est par son intervention (et à cause du péché qui s'en est suivi, qui n'est pas spécifié) que la mort est entrée dans le monde.

Nous ne pouvons pas savoir avec certitude si Paul avait lu la Sagesse de Salomon ; mais cela n'a pas beaucoup d'importance, car, s'il ne l'a pas lue, cela signifie simplement qu'il suivait la même tradition d'interprétation, tradition dont cet écrit est le premier témoin préservé. Qu'il l'ait tenu ou non pour « Écriture sainte » (et c'est peut-être anachronique de voir là une idée déjà clairement définie [1]), il recevait ce texte (ou du moins la tradition qu'il représente) comme un guide théologique valable. Une fois admis qu'on devait adopter cette interprétation — et de fait, c'est un énoncé simple et fort —, il était facile d'oublier les nombreux traits du texte de la Genèse qui allaient dans une autre direction.

Là ne s'arrête pas l'intérêt de la Sagesse de Salomon pour ce qui nous occupe. Car, en premier lieu, parmi les livres considérés aujourd'hui (dans le protestantisme) comme « apocryphes » c'est sans nul doute un des plus hellénistiques par le style et par la pensée. Cela est de grande importance pour

---

humains ont été créés immortels, ou bien qu'ils ont été créés *pour* une immortalité demeurée virtuelle ? On trouvera une discussion plus détaillée dans James BARR, *Biblical Faith and Natural Theology*, Oxford, Clarendon Press, 1993, p. 61 s. Dans la Sagesse, c'est le juste qui obtient l'immortalité. Noter au passage la conviction que les justes *paraissent* seulement mourir (*Sg* 3, 2)

1. Voir J. BARR, *Holy Scripture : Canon, Authority, Criticism*, Oxford, Clarendon Press, 1983.

apprécier l'interprétation de Paul. En second lieu, c'est de tous les livres celui qui s'intéresse le plus précisément à notre sujet, l'immortalité. Non seulement il dit clairement que l'homme était immortel — ou du moins était fait pour l'immortalité — avant la désobéissance première, mais il voit constamment dans l'immortalité un guide, une contrainte éthique, et un but suprême. Aucun autre livre que la Sagesse n'associe aussi bien les deux aspects de notre thème : le jardin d'Éden et l'espérance de l'immortalité. En troisième lieu, il est, de tous les livres de la Bible ou proches de la Bible, celui qui accorde une attention particulière au thème de l'idolâtrie et relève clairement le lien entre l'idolâtrie et toutes les formes ultérieures d'immoralité, en un style que Paul suivra étroitement dans la lettre aux Romains. En quatrième lieu, cette attaque contre l'idolâtrie est fondée sur une théologie naturelle, nouveau point de contact étroit avec le raisonnement de Paul en Romains [1].

La Sagesse de Salomon n'est pas le seul livre de la période hellénistique tardive à nous concerner ici. Le *quatrième livre d'Esdras* est également important parce qu'il s'attarde beaucoup sur les terribles et durables conséquences du péché d'Adam pour tous ses descendants. Parmi les livres de la Bible, ou proches de la Bible, c'est ici qu'on s'approche le plus de l'idée d'un péché universel et « originel » : « il eût mieux valu que la terre ne produisît pas Adam, ou, que l'ayant déjà produit, elle l'empêchât de pécher. [...] Ô toi, Adam, qu'as-tu fait ! Car si tu as péché, ta chute n'a pas été la tienne seulement, mais aussi la nôtre, à nous, tes descendants » (*IV Esdras*, VII, 116, 118).

ou encore :

« Car c'est le cœur mauvais qu'il portait qui fit désobéir Adam le premier : il fut vaincu et toute sa descendance avec lui » (*IV Esdras*, III, 21).

---

1. Sur les deux points, voir J. BARR, *Biblical Faith and Natural Theology*, Oxford, Clarendon Press, 1933, p. 39-80.

Ainsi, pour résumer par avance une partie importante de notre raisonnement, c'est dans certaines couches tardives de l'Ancien Testament, y compris dans les livres extérieurs au canon hébreu actuel, que se trouvent les véritables fondations de l'interprétation paulinienne d'Adam et Ève. De son côté, la Genèse y contribue bien peu. Bien loin que la pensée de Paul s'enracine profondément dans l'univers intellectuel de l'ancien Israël, elle s'est plus précisément formée par *l'interprétation* de ces vieux textes à l'époque hellénistique dans une atmosphère intellectuelle différente.

Le lecteur pensera peut-être qu'il s'agit ici de ma part d'idées plutôt révolutionnaires, isolées et très personnelles ; en quoi il se tromperait. Elles représentent au contraire une position substantiellement commune à bien des spécialistes modérés de l'Ancien Testament. Celle-ci se trouve, pour une bonne part, implicitement, sinon exactement, exprimée dans le commentaire détaillé de Westermann sur la Genèse ; et je cite ici les paroles du professeur M. A. Knibb dans un exposé récent et compétent : « Rien dans les récits de la création et de la chute, et en fait dans l'ensemble de l'Ancien Testament, ne suggère que l'homme aurait été créé immortel et qu'il aurait perdu l'immortalité en raison de sa désobéissance. En Gn 2,17, la mort est certainement le châtiment pour avoir mangé du fruit de l'arbre de la connaissance du bien et du mal, mais rien n'indique que l'homme à l'origine jouissait de l'immortalité [1]. »

La position que je défends ici a donc un large appui dans la réflexion exégétique, en particulier pour son aspect négatif, le refus de l'idée que l'homme aurait été créé immortel. S'il

---

1. M. A. KNIBB, « Life and Death in the Old Testament », dans R. E. CLEMENTS (sous la direction de), *The World of Ancient Israel*, Cambridge University Press, 1989, p. 395-415 ; citation des p. 402 s. Je vais plus loin que le professeur KNIBB puisque je prétends que dans la Genèse même la mort n'est *pas* effectivement donnée comme le châtiment de la désobéissance.

y a une différence, c'est qu'en me fondant sur ces positions exégétiques établies, je vais insister plus qu'on ne le fait habituellement sur cette idée que l'immortalité est une chance qui a été manquée.

Ce que je dis donc, c'est que l'idée de l'immortalité pour les humains, comme quelque chose de possible, du moins de concevable, occupe une place centrale dans cette partie du livre de la Genèse. En disant cela, d'une part j'entre dans l'univers mythologique dans lequel le récit s'est développé, et j'espère en dire plus sur cet univers mythologique dans le cours de la discussion. Mais d'autre part, je ne mets pas l'accent uniquement sur la préhistoire « primitive » ou reconstruite du récit, car je dis que le récit en sa forme canonique, définitive, souligne clairement la même chose. Cette idée d'une immortalité humaine dont on peut concevoir qu'elle aurait pu être obtenue, mais qui en fait a été ratée, se trouve autant dans la mythologie prébiblique que dans le texte de la Genèse, où elle occupe une place des plus importantes au départ du récit canonique de l'existence humaine. Plus encore, je crois que cette idée est de grande importance pour l'histoire religieuse en Israël. En particulier, notre récit ne parle pas d'une « vie après la mort » ou de « l'immortalité de l'âme ». Cette « vie pour toujours » qu'Adam et Ève auraient acquise s'ils étaient restés dans le jardin d'Éden est la perpétuation de la vie humaine.

Il est frappant de voir quel mal ont dû se donner les spécialistes pour rendre compte adéquatement de l'histoire des croyances en la résurrection et l'immortalité en Israël. Une des raisons en est, je crois, qu'ils subissaient trop souvent l'influence de l'idée selon laquelle ce qu'ils cherchaient se situait *après la mort*. À coup sûr, la vie après la mort figure dans la tradition. Mais le point de départ me semble se situer plutôt dans l'immortalité telle qu'on l'admet pour les dieux, une immortalité qui ne comporte aucune idée de mort, une vie éternelle qui est chose normale pour les dieux mais qui pourrait, dans des circonstances tout à fait exceptionnelles, être accordée aux humains. Nous reviendrons sur ces aspects de l'histoire.

Si c'est bien là la racine d'où ont surgi les idées ultérieures, elle en diffère sur bien des points, et très évidemment sur celui que je viens de mentionner, à savoir qu'ici l'immortalité ou la vie éternelle ne signifie pas d'abord une vie *après la mort* mais la poursuite de la vie sans l'interruption de la mort. Et en second lieu, je n'ai encore rien dit de « l'immortalité de l'âme » car jusqu'à présent les questions relatives à l'âme et aũ corps n'ont guère été envisagées. Avant de pouvoir en dire plus à ce sujet, nous devons étudier la pensée des Hébreux sur la mort : ce sera le point de départ de notre prochain chapitre.

II

LE CARACTÈRE NATUREL DE LA MORT ET LE CHEMIN DE L'IMMORTALITÉ

J'ai avancé que le thème central du récit du jardin d'Éden était, à côté du thème de la connaissance du bien et du mal, celui de l'immortalité. C'est parce que Adam et Ève, s'ils étaient restés dans le jardin, auraient mangé du fruit de l'arbre de vie et « auraient vécu pour toujours », qu'ils en ont été chassés. La chance d'acquérir l'immortalité était dès lors perdue. Cela ne veut pas dire que le récit a été écrit par nostalgie de l'immortalité : ce n'est pas le cas. Au contraire, il a pour propos de faire accepter la mortalité. C'est une caractéristique de la vie humaine depuis le début et les très rares exceptions n'y changent rien. Il en allait de même dans le monde d'Homère où, très exceptionnellement il était accordé à un mortel de vivre pour toujours. C'est ce qu'Ulysse aurait obtenu, s'il avait accepté d'épouser une nymphe, une déesse mineure. Mais cela ne changeait rien : tous les humains savaient parfaitement que la mort les attendait et qu'on ne pouvait l'éluder. Néanmoins, que les Hébreux aient entrevu cette lueur d'immortalité peut avoir eu une certaine importance pour le développement ultérieur de la croyance.

Nous voici donc ramenés à la question plus générale du

caractère « naturel » de la mort pour l'être humain. Si mon raisonnement est juste jusqu'ici, la condition mortelle est le lot de l'humanité dès l'origine. Adam et Ève n'étaient pas des immortels tombés par suite du péché dans un état où il leur fallait mourir ; c'étaient des mortels qui, un instant, ont connu la chance lointaine d'obtenir la vie éternelle, chance acquise seulement au prix d'une faute de leur part, et c'est à cause de cette faute qu'ils ont été privés de cette chance. Mais à formuler les choses de la sorte, il nous faut examiner quel rapport elles peuvent avoir avec la question de la conception biblique de la vie et de la mort en général, du caractère « naturel » et des potentialités de l'une et de l'autre.

Nous avons déjà cité (p. 14, 16) le fameux petit livre de Cullmann dont l'influence est bien connue. Il insiste sur le caractère non naturel de la mort. Je reprends ici un long extrait d'un passage crucial dans son raisonnement (p. 28) :

> Toutefois le contraste entre l'idée grecque d'immortalité de l'âme et la croyance chrétienne en la résurrection est encore plus profond. La croyance en la résurrection présuppose l'idée juive d'un lien entre la mort et *le péché*. La mort n'est pas quelque chose de naturel, voulu par Dieu, comme chez les philosophes grecs ; c'est quelque chose de non naturel, d'anormal, d'opposé à Dieu. Le récit de la Genèse nous enseigne qu'elle n'est entrée dans le monde que par le péché de l'homme. La mort est une malédiction, et la création tout entière se retrouve impliquée dans la malédiction. [...] La mort ne peut être surmontée que dans la mesure où le péché est enlevé. Car « la mort est le salaire du péché ». Le récit de la Genèse n'est pas seul à s'exprimer ainsi. Paul dit la même chose (Rm 6, 23), et cette conception de la mort est partagée par l'ensemble du christianisme primitif [...]. Bien sûr, Dieu peut se servir de la mort [...]. Néanmoins, la mort *en tant que telle* est l'ennemie de Dieu.

Ce raisonnement compte de nombreux points faibles. D'abord, si « l'idée juive d'un lien entre la mort et le péché » a tellement d'importance pour la notion chrétienne de résurrection, comment se fait-il que l'Ancien Testament soit si peu disert sur la résurrection [1] ? Les biblistes qui s'intéressent à cet aspect du développement des idées ont bien du mal à réunir les matériaux nécessaires. On accorde généralement que la plus ancienne expression précise se trouve en Dn 12, qui est un des textes les plus récents de l'Ancien Testament ; encore s'agit-il d'un texte assez vague : « beaucoup », y lit-on, de ceux qui « dorment » dans la poussière de la terre « s'éveilleront », certains pour la vie éternelle, et certains pour la honte et l'éternel mépris (Dn 12, 2). Il y a loin de cela à une claire affirmation de la résurrection corporelle opposée à d'autres représentations de la survie ou de la perpétuation après la mort. Rien n'y est dit qui s'oppose à l'idée d'immortalité de l'âme ou qui permette de l'exclure. Rien n'y est dit du reste de l'humanité en dehors de ces « beaucoup » qui « dorment » dans la poussière de la terre, qui pourraient, après tout, composer un groupe particulier. Dans l'ensemble, je suppose que la thèse de Cullmann seraient à reformuler de la façon suivante : *l'attitude négative* de l'Ancien Testament à l'égard de toute idée d'un au-delà est ce qui fournit les présupposés nécessaires pour reconnaître l'importance de l'idée de résurrection. Un tel argument n'est pas nécessairement erroné. Mais dans le meilleur des cas cela demeure une base étroite, et négative, pour associer à la Bible hébraïque l'idée de résurrection.

En second lieu et en fait, comme beaucoup d'auteurs l'ont montré, quand on se livre à une étude consciencieuse des idées juives sur la vie après la mort depuis l'époque de Daniel jusqu'au début du christianisme, les résultats font apparaître l'existence d'une large diversité d'opinions : résurrection du corps, immortalité de l'âme, une « vie éternelle » qui affecte déjà la vie actuelle, etc. Chacune de ces opinions peut être conditionnelle et sujette à des variantes et des combinaisons.

---

1. Sur ce raisonnement, voir C. F. EVANS, *Resurrection and the New Testament*, Londres, SCM Press, 1970, p. 11 s.

La résurrection peut concerner le petit nombre ; elle peut être réservée aux justes, sans rien d'équivalent pour les malfaisants. L'immortalité peut être attribuée à l'humanité dès l'origine, mais elle peut être aussi quelque chose qu'il faut *acquérir* par une conduite appropriée. Elle peut se limiter à un groupe particulier. Au sens où elle qualifie déjà cette vie, la « vie éternelle » peut conduire à une vie après la mort ou à une résurrection, mais elle peut aussi ignorer purement et simplement la question de la mort. Il semble que jusqu'au tout début du christianisme il n'y ait pas eu sur ces questions de conception fixe ou définie. On dirait que les disciples de Jésus eux-mêmes ne s'attendaient pas à la résurrection de leur Maître avant qu'elle se soit produite. En particulier, comme je le montrerai, l'idée d'une immortalité de l'âme était forte dans le judaïsme tardif. Même là où « l'idée juive d'un lien entre mort et péché » était pleinement admise, on ne pensait pas que cela entraînait nécessairement l'option de la résurrection corporelle en excluant celle de l'immortalité de l'âme. En omettant, dans son raisonnement, le matériel intertestamentaire — que, bien sûr, il devait connaître parfaitement —, Cullmann prête le flanc à une critique dévastatrice : « En excluant toute discussion de textes juifs spécifiques, Cullmann aborde le Nouveau Testament avec le présupposé qu'il existait une conception juive unique, ce qui est pure fiction [1]. » Il semble qu'en ces matières, et eu égard aux idées hébraïques et juives, le distingué savant et spécialiste du Nouveau Testament qu'est Oscar Cullmann ait purement et simplement fait siennes les anciennes traditions dogmatiques en ignorant le témoignage des textes [2].

---

1. G. W. NICKELSBURG, *Resurrection, Immortality, and Eternal Life in Intertestamental Judaism*, Cambridge (Mass), Harvard Theological Studies 26, 1972, p. 180.

2. À cet égard, il est possible qu'Oscar CULLMANN en soit revenu à une position dogmatique plus sommaire et plus surannée que celle de Karl BARTH,

En troisième lieu, nous avons vu au premier chapitre que ce n'est pas sans naïveté que Cullmann a pu dire que la Genèse « nous enseigne » tout ceci, et pas seulement la Genèse : « Paul dit la même chose. » Si Culmann pense qu'il y a là quelque chose que la Genèse « enseigne », c'est uniquement parce qu'il tient pour normatif l'usage qu'en fait Paul. Comme je l'ai montré, la façon dont Paul aborde le thème d'Adam et Ève ne convient guère à la Genèse et ne se peut justifier que si, au lieu de s'en tenir à la Genèse, nous suivons des courants d'interprétation connus à partir de l'époque hellénistique. Il se pourrait donc que, au grand dam de la position antihellénique de Cullmann, des éléments empruntés à la vie dans le monde grec aient vraiment joué un rôle positif dans la formation de cette conception paulinienne qu'il place si haut.

Mais avant d'aborder la question des interprétations ultérieures, il nous faut revenir sur un aspect plus fondamental. Est-il vrai de l'Ancien Testament dans son ensemble, même en dehors de la Genèse, que la mort y soit quelque chose de

---

avec qui il a d'autre part beaucoup en commun. En particulier et de manière peut-être surprenante, BARTH admet que dans la Bible la mort a quelque chose de naturel. « Il appartient à la nature humaine [...] que l'homme soit mortel » (*Church Dogmatics*, III-2, Edimbourg, T. & T. Clark, 1960, p. 632). Alors que dans la Bible la mort est « en général » soumise à la loi du péché, du conflit, de l'apostasie, de la malédiction et de la punition, on peut y voir aussi « une autre forme de mort ». Quand David dit « je m'en vais par le chemin de toute chair [...], il est évident qu'il ne voit pas dans la mort une malédiction ni que les choses devraient être différentes » (*ibid.*, p. 633-634). BARTH est alors en peine d'expliquer comment se distinguent ces deux sortes de mort. La mort « naturelle » est « un remarquable changement de situation lié à une intervention particulière et extraordinaire de la part de Dieu ». Cette « intervention extraordinaire » de Dieu pour aboutir à quelque chose qui est évidemment parfaitement normal est requise, si l'on ose le suggérer, non par les textes bibliques, mais précisément par l'entêtement de BARTH à croire, contre le texte de la Genèse, que la mort d'Adam est le châtiment de sa désobéissance. Sur le souci causé à CULLMANN par l'admission par BARTH d'une mort naturelle, voir son ouvrage *Immortality of the Soul*, p. 28, n. 56.

« non naturel, d'anormal, d'opposé à Dieu » ? Y eut-il réellement, aux temps bibliques, une « idée juive d'un lien entre mort et *péché* » qui pouvait fournir à Paul un « présupposé » ? Il existe en fait beaucoup et de fortes raisons qui s'opposent à cette façon de voir.

Dieu auteur de la vie et de la mort.

Pour Cullmann, dans la tradition hébraïque, la mort n'est pas quelque chose « de naturel, voulu par Dieu ». Or il y a bel et bien dans la Bible des indices en ce sens. On parle du Dieu d'Israël comme d'un « Dieu vivant » et l'expression « aussi vrai que Yhwh est vivant » est une formule courante dans les serments [1]. « Avec toi est la source de vie et dans ta lumière nous voyons la lumière » (Ps 36, 10 [9]). De même pour les humains on parle souvent de la « vie » comme d'un bien suprême : rien n'a plus de valeur que la vie. Jésus lui-même a nettement mis en rapport Dieu et la vie ; Dieu n'est pas le Dieu des morts mais des vivants (Mt 22, 32 ; Lc 20, 38). Nul doute que, dans sa vigueur, ce texte n'ait été présent à l'esprit de Cullmann quand il a écrit les lignes citées plus haut.

Toutefois, même ici quelque prudence est de mise. J'admets avoir été moi-même surpris (et impressionné) d'apprendre qu'en dehors de la formule de serment « aussi vrai que le Seigneur est vivant » (un peu plus de quarante fois) ou de « aussi vrai que je vis » (vingt-trois fois), l'expression « Dieu vivant » est bien rare dans l'Ancien Testament (quelque quatorze cas) et d'une portée limitée [2]. Dans beaucoup, ou la plupart des cas, c'est une formule qui figure dans des propos dirigés contre des adversaires étrangers qui ont émis des paroles blasphéma-

---

1. GERLEMAN, THAT I, 549-557, voir en particulier les col. 554 s.
2. *Ibid.*

toires contre le Dieu d'Israël. Selon Gerleman, on parle essentiellement de Dieu comme du donateur ou de la source de la vie, mais on ne parle de lui comme du « Dieu vivant » qu'avec une extrême réserve. Dans les Psaumes, là où l'on penserait la trouver le plus, on ne trouve guère la formule « le Dieu vivant » qu'en 42, 3 [2] et 84, 3 [2]. Qui plus est, le mot même de « vie » n'est jamais employé comme attribut divin mais désigne généralement l'effet d'une action ou d'une bénédiction divines. Gerleman fait la comparaison avec d'autres nations du Proche-Orient ancien, où l'on parle souvent et sans précisions de la vie et des qualités vivantes des dieux. S'il en va bien ainsi, cela donne une image substantiellement différente de celle qu'attendraient la plupart des lecteurs de la Bible. Et je ne vois pas comment on pourrait prendre en défaut la savante analyse de Gerleman. Une certaine prudence est donc de mise sur ce point.

Il est vrai que le récit de la création dans la Genèse semble ne rien dire de la mort. Dieu a créé des êtres vivants, mais on ne parle pas de leur mort. « Dieu n'a pas créé la mort », dit la Sagesse de Salomon, 1,13, « et il ne prend pas plaisir à la destruction des êtres vivants ; car il a créé toutes choses pour l'Être *(eis to einai)* » — tout ceci d'ailleurs à l'intérieur d'un raisonnement sur *l'immortalité.* Il est certain que Gn 1 ne parle pas d'une création par Dieu de la mort. Pourtant, ce silence sur la mort ne signifie peut-être pas qu'elle ne fait pas partie du monde tel qu'il a été créé. Les ténèbres n'ont pas été créées, pourtant les ténèbres font partie du monde créé. Il est possible que la mort ait eu le même statut. Devons-nous supposer, en nous fondant sur Gn 1, que toutes les créatures créées par Dieu étaient destinées à vivre pour toujours, qu'il ne devait pas y avoir de mort dans cet univers ? À coup sûr, si toutes les créatures devaient vivre pour toujours, le monde aurait vite été rempli !

Non, car en fait la Bible elle-même exprime un autre aspect. C'est une conception passablement familière dans la Bible que

Dieu apporte la mort. En Dt 32, 39, revendiquant sa différence par rapport à tous les autres dieux, le Dieu d'Israël affirme : « je fais mourir et je fais vivre » ; l'expression revient à plusieurs reprises et il est clair qu'on l'appréciait beaucoup. Dans son cantique (1 S 2, 6) Anne affirme que le Seigneur fait mourir et apporte la vie. Dans le Psaume 104 (v. 29 s.), poème sur la subsistance du monde d'une conception indubitablement antérieure à Gn 1, on nous dit comment toutes les créatures dépendent de Dieu, et :

> Tu retires leur souffle, ils expirent,
> à leur poussière ils retournent.
> Tu envoies ton Souffle, ils sont créés.

Nous avons ici la même antinomie qui se rencontre, à un autre niveau, dans la question du bien et du mal. Il est clair que, de même que Dieu crée seulement la vie, et non la mort, il fait seulement du bien et non du mal. Mais en fait d'autres textes montrent bien qu'il fait du mal aussi. « Arrive-t-il », demande Amos, « un malheur dans une ville sans que le Seigneur en soit l'auteur ? » (Am 3, 6). Is 45, 7 parle de Dieu comme de celui qui

> façonne la lumière et crée les ténèbres,
> fait le bonheur et crée le malheur [1].

Il y a tout un aspect du monde que Gn 1 a ignoré, ou peut-être délibérément exclu de son tableau, mais que d'autres sources expriment. Manifestement, si nous voulons essayer de faire la synthèse de ces conceptions opposées, nous dirons : Dieu est suprêmement le donateur de la vie, mais cela ne signifie pas une vie sans fin. Normalement, Dieu donne la vie

---

1. Je traduis ici *shalôm* par « bonheur » ; RSV « bien-être ». Il est à noter que le grand rouleau d'Isaïe a *tôv*, ce qui m'a influencé ici.

pour une durée appropriée, et cela devait paraître évident aux yeux des anciens Hébreux. À la fin de cette durée appropriée, il la retire. Il est parfaitement impossible de faire l'éloge de l'ancien Israël pour sa vision « réaliste » de la vie et de la mort, et en même temps de poser que, pour les anciens Israélites, la mort était chose totalement contraire à la volonté de Dieu. Donner la mort fait partie des caractéristiques majeures de ce Dieu.

Dans le Psaume 104, donc, Dieu met fin à la vie : cela fait partie du cours normal des choses. Et quand le Psaume ajoute : « quand tu envoies ton Souffle, ils sont créés » (sous-entendu « créés à nouveau » ?) ce n'est pas là une allusion à la résurrection. Le psalmiste parle de la vie animale : Dieu ne ressuscite pas l'animal qui est mort ; il donne la vie à un autre à sa place. Le Cantique d'Anne va peut-être plus loin : il parle beaucoup moins d'un processus normal, beaucoup plus d'un renversement de la normale et de son remplacement par des actes exceptionnels de la part du Seigneur ; et si, au verset 6 b, Dieu non seulement « fait descendre au shéol » mais aussi en fait « relever », nous pouvons accorder que le texte envisage même de donner la vie aux morts. Mais le Cantique d'Anne est un chant de louange et non l'énoncé tranquille de ce qui se produit normalement. Il dépasse de beaucoup ce qui pourrait concerner tout simplement une femme dans ces circonstances, et il n'y a rien de surprenant à ce qu'on y ait vu plus tard un énoncé « prophétique », riche de choses nouvelles concernant l'avenir [1]. On n'y parle pas de ce qui est normal mais plutôt de ce qui est exceptionnel. Mais en tout cas ce qui y est dit de Dieu qui donne la vie y est précédé de, et associé à, l'affirmation que Dieu donne la mort ; et même, dans ces trois poèmes, le fait que Dieu met un terme à la vie précède l'idée qu'il donne à nouveau la vie. Il est normal que Dieu pose des limites à la vie et la mène à son terme. Il est

1. Voir par exemple le texte du Targoum sur ce passage.

tout à fait inexact d'affirmer que la mort est parfaitement antithétique à la volonté de Dieu.

La mort, plénitude et accomplissement.

J'ai déjà mentionné rapidement que, selon un aspect important de la pensée vétéro-testamentaire, la mort semble considérée de façon positive ; en particulier la mort dans un âge avancé, au milieu de ses enfants et de ses petits-enfants, au terme d'une bonne vie, entouré d'honneurs et d'estime, apparaît tout à fait appropriée et satisfaisante [1]. C'est ainsi que la finale du livre de Job raconte comment le patriarche, au terme de toutes les vicissitudes rapportées dans le livre, a vécu 140 ans et a vu ses fils et ses petits-fils sur quatre générations, puis est mort « âgé et rempli d'années » ; on ne peut mettre en doute que ce soit là une fin heureuse, la meilleure des fins possibles, pour un homme qui s'était toujours montré juste et pieux, qui avait subi des épreuves amères dont il était sorti à son honneur, et qui avait reçu la juste récompense de tout cela. Cette mort était pleinement en accord avec la volonté de Dieu ; c'est même le signe par excellence que Dieu est satisfait de tout ce qui s'est passé. Et en cela, Job n'est en rien exceptionnel. L'une des plus grandes personnalités, Abraham, « expira et mourut » à l'âge de 175 ans, « dans une vieillesse heureuse », et « il fut réuni à sa parenté » (Gn 25, 8). Dans l'ancien Israël, il existait une bonne mort. Il est tout bonnement inexact de dire, en tout cas pour l'Ancien Testament dans son ensemble, que la mort s'opposait toujours à Dieu, qu'elle était une malédiction, ou qu'on y voyait universellement une conséquence du péché. Une bonne mort, dans de bonnes cir-

1. L. WÄCHTER, *Der Tod im Alten Testament*, Stuttgart, Calwer Verlag, 1967, consacre de très nombreuses pages à cet aspect, « L'acceptation de la mort et son homologation », voir en particulier p. 56-79.

constances, dans la vieillesse et avec ses descendants autour de soi, voilà ce qui était à la fois juste et approprié et qui constituait l'accomplissement satisfaisant et le point culminant d'une vie.

Assurément, le christianisme a préservé cette manière de voir : quand un homme ou une femme âgé(e) meurt paisiblement, entouré(e) de sa famille, avec une œuvre achevée et une foi en Dieu paisible et sans trouble, on ne dit pas dans la liturgie des funérailles que cette fin de vie manifeste le pouvoir final et les effets destructeurs du péché. C'est au contraire une bonne mort. Et il en allait de même dans l'ancien Israël. Une telle mort n'est pas « contraire à la nature », elle ne « s'oppose pas à la volonté de Dieu », et à coup sûr peu de gens le pensent.

Une sépulture décente.

Pour que la mort soit la plénitude et l'achèvement de la vie, il faut une sépulture décente et convenable [1]. C'est aussi le cas dans d'autres pays et d'autres cultures. La première personne à laquelle Ulysse parle aux enfers est son camarade Elpénor, que ses compagnons ont laissé sans sépulture dans leur hâte d'échapper au danger ; aussitôt son fantôme presse Ulysse de lui procurer une sépulture décente, ce qui est fait. En Israël, ceci est profondément lié au pays et à la parenté. Pas de pire outrage, en offense aux hommes et à Dieu, que de laisser un cadavre sans sépulture, « avec la sépulture d'un âne » comme dit Jérémie de Joiaqim (Jr 22, 19 ; voir Jr 36, 30 où nous apprenons que ce même roi n'aura aucun de ses descendants pour successeur et que son cadavre « sera exposé à la chaleur

---

1. Sur les coutumes funéraires, voir le bel article d'Eileen DE WARD, « Mourning Customs in 1, 2 Samuel » dans le *Journal of Jewish Studies*, 23, 1972, p. 1-27 et 145-166.

du jour et au froid de la nuit »). Mourir en terre étrangère est aussi une mauvaise chose. Parmi ses actes de charité, Tobie donne la première place à la sépulture de tout Hébreu dont le cadavre a été jeté dehors et laissé sans sépulture (Tb 1, 17-19 ; 2, 3-9). Être enterré comme il convient était signe que les torts d'autrefois avaient reçu réparation.

L'exemple suprême réside dans l'intérêt porté aux ossements de Saül et de Jonathan, traités par les Philistins de façon infamante, récupérés dans un geste de dévotion par les gens de Jabesh Galaad en faveur desquels Saül avait opéré une grande délivrance, et finalement emportés par David pour reposer dans le tombeau familial : c'est l'accomplissement de la réparation finale dont Dieu est pleinement satisfait (1 S 11, 1-15 ; 31, 8-13 ; 2 S 21, 12-14). Donner la sépulture n'était pas simplement disposer du cadavre : c'était réunir la personne aux siens et à ses ancêtres. Des expressions comme « il fut réuni aux siens » (employées en Gn 25, 8 ; 17 ; 35, 29 ; 49, 33 ; Dt 32, 50, à propos d'Abraham, d'Ismaël, d'Isaac, de Jacob, d'Aaron-Moïse) signifiaient sûrement plus que la simple déposition des corps dans la tombe même dans laquelle ceux des ancêtres avaient été placés. Il en va de même pour « il reposa avec ses pères », expression employée pour la plupart des rois, sauf quand ils avaient fait l'objet d'une grave réprobation (et même parfois dans ce cas), ou quand ils avaient péri de mort violente. Y voir le pur et simple constat de la déposition dans le tombeau de famille est réductionniste. Ces formules expriment achèvement, accomplissement et satisfaction. Une vie est arrivée à son terme et, qu'elle ait été bonne, mauvaise, ou indifférente, elle n'en est pas moins accomplie. Ce n'est pas simplement que cette personne a rejoint ses ancêtres dans l'extinction totale ; en un sens, elle est allée les rejoindre, et aux yeux de Dieu, cela est juste et bon.

Le nom et la descendance.

On l'a suggéré plus haut, la présence des enfants et des descendants est de toute première importance pour un israélite face à la vie et à la mort. C'est par eux que la vie de l'individu trouve son prolongement dans l'avenir [1]. La disparition du « nom » est un douloureux outrage ; perpétuer le « nom » est de toute première importance. Des lois comme celles relatives à l'héritage et au mariage léviratique renforcent ce principe. L'extension des droits d'héritage aux filles dans une famille (Nb 27 ; 36) trouve sa justification dans la nécessité de prévenir l'extinction d'un nom de famille. Les conceptions sur la Terre promise s'y rattachent. Je suis Kellermann qui cite Ben Sira, 41, 11-13 :

Le deuil d'un homme s'adresse à sa dépouille
mais un renom de bonté ne sera pas retranché ;
aie souci de ton nom, car il t'accompagnera
mieux que des milliers de trésors.
Le bonheur d'une vie ne dure qu'un [certain] nombre de jours
mais la bonté d'un nom durera des jours sans nombre [2].

Cette idée de la mémoire à garder d'un nom va donner naissance à de nouveaux développements.

Le shéol.

Il faut examiner au fond le concept du shéol, l'« Hadès » ou les enfers, le séjour de la mort ou des morts. Quelle est

1. Voir là-dessus Ulrich KELLERMANN, « Überwindung des Todesgeschicks in der alttestamentlichen Frömmigkeit vor und neben dem Auferstehungsglauben », dans *Zeitschrift für Theologie und Kirche* (ZThK) 73, 1976, p. 269 s.

2. Ma traduction de l'hébreu, en lisant le premier mot *'bl*, « deuil », avec le grec, au lieu de *hbl*.

la place du shéol en tout cela ? La façon dont la recherche moderne a abordé le sujet n'est pas claire. On en retire l'impression que cette question est une impasse. Le shéol ne constitue pas l'immortalité, il ne mène pas vraiment non plus à la résurrection. Son intérêt semble résider dans son caractère négatif : on y verrait la preuve que l'existence dépourvue de toute vie corporelle n'est simplement pas la vie. C'est une vie diminuée, fantomatique, qui ne mérite guère d'être qualifiée de vie. Ainsi Cullmann parle-t-il d'une « existence douteuse sans le corps, comme celle des morts au shéol d'après l'Ancien Testament, mais ce n'est pas là une vraie vie[1] ». Il prend l'exemple du shéol pour montrer qu'il n'y a pas de vraie vie sans un vrai corps, et pour relever le contraste avec la conception « grecque » pour laquelle « c'est précisément séparée du corps que l'âme parvient au plein développement de la vie[2] ».

Dans toute cette discussion, le shéol constitue un domaine incertain et obscur. Les Hébreux sont restés vagues à son sujet. Certes, les morts vont au shéol : mais y vont-ils tous, sans exception ? Si le shéol est bien le séjour des morts, il semble qu'on en parle principalement à propos des gens qu'on réprouve, les mauvais, ceux qui après une vie de richesse, de puissance et de succès, devront être réduits au plus bas et au pire des états, ou encore à l'occasion d'événements funestes s'abattant sur des gens de bien. Les grands rois descendent au shéol (par exemple, Is 14, 4-15), et de même tous les riches et les puissants. Mais Abraham est-il allé au shéol ? et Isaac, et Moïse, et David ? Cela n'est jamais dit. Bien qu'il n'y ait pas eu de démarcation formelle selon un principe moral, on parle en fait du shéol en rapport avec des personnages ou des événements sinistres. Dans le testament inexorable qu'il laisse à Salomon, David dit clairement qu'il ne doit pas permettre à Joab et à Shiméï de descendre en paix au shéol : considérés

1. CULLMANN, *Immortality of the Soul*, p. 33.
2. *Ibid.*

par David comme de misérables assassins, ils sont la sorte de gens qu'on associait précisément avec le shéol. Mais prenons l'exemple de Saül : en dépit de tous ses malheurs, nul ne dit qu'il soit descendu au shéol. Après tout, il était l'oint du Seigneur. Samuel, après sa mort, fut évoqué par la sorcière d'Endor, et les détails ont tout l'air d'indiquer un retour du shéol, mais l'expression n'est pas employée. Dans son deuil pour le fils qu'il avait eu de Bethsabée, David dit : « C'est moi qui irai à lui et non lui qui reviendra vers moi », mais il ne dit pas que l'enfant est allé au shéol, non plus que c'est là que lui-même le rejoindra. Si Jacob, une fois Joseph disparu, dit « c'est en deuil que je veux descendre au shéol auprès de mon fils » (Gn 37,35), c'est peut-être justement parce que, croit-il, son fils est mort de mort violente et prématurée, et qu'il va mourir lui-même d'une mort impropre pour avoir été privé de son fils. Les personnages de ces récits en parlent eux-mêmes, mais le narrateur se garde de prendre parti. Nul doute qu'on ait vu dans le shéol l'universelle destination des morts, mais la mort des grandes figures n'était pas racontée ainsi chez les Hébreux. On éprouvait de la réticence à parler de la sorte des personnages les plus révérés. D'autre part, cette perception négative pourrait être au point de départ du chemin qui devait aboutir à l'idée de l'enfer, lieu réservé uniquement aux méchants. Ainsi, pour nous résumer, si le shéol était bien le lieu destiné aux morts, il y avait, sur son caractère et sur ce qu'il sous-entendait, des nuances susceptibles d'ouvrir la voie à des idées nouvelles.

Il ne semble pas que le shéol soit le produit d'une initiative de la religion biblique, yahviste ; c'est un héritage d'un passé ancien, quelque chose qui se trouvait déjà là, qui fait partie, en ce sens, de la « religion naturelle ». Rien de ce que nous savons des prophètes yahvistes ou d'autres porteurs de la tradition ne peut être invoqué au point de départ ou à l'origine de l'idée de shéol. Il n'est donc pas surprenant de voir le tableau homérique du monde des enfers dans la *nékya* du chant XI de *L'Odyssée* servir à compléter sur plus d'un point les pauvres représentations hébraïques de ce sombre pays. Cet élément est d'importance, car il nous montre qu'à ce stade ancien le monde grec, alors tout à fait comparable à l'Ancien Testament, partage en fait avec ce dernier des notions importantes [1].

À coup sûr, on ne voyait aucunement la survie des ombres dans le shéol comme une façon de vaincre la mort ou de la transcender. Le shéol n'était pas une « vie après la mort » mais faisait partie de la mort même dans sa réalité. L'existence y était tout à fait misérable et ne méritait guère d'être tenue pour une « vie ». Ce sont là des acquis solides dans les raisonnements que nous avons décrits. Il n'est pour autant pas impossible que le shéol ait eu un rôle essentiel dans le développement des idées sur l'immortalité.

D'abord, bien qu'il s'agît là d'une existence misérable et non pas d'une vie au plein sens du mot, le shéol constituait pourtant encore une sorte de *continuité*. À la mort, les personnes ne disparaissaient pas purement et simplement. Cela ne constituait pas, je l'ai dit, un antidote à la réalité de la mort ou une amélioration par rapport à sa gravité ; au contraire, cela faisait partie de cette gravité. Néanmoins, c'était encore une sorte de continuité. Quand David dit de son enfant qui est mort « c'est moi qui m'en vais vers lui », cela veut dire que l'enfant est un « lui », sous la forme d'une ombre sans doute, mais que lui David peut rejoindre. En outre — et du moins

1. Ce que j'ai trouvé de meilleur en ce sens, ce sont les réflexions d'Otto KAISER : voir « Die Zukunft der Toten » et « Tod, Auferstehung und Unsterblichkeit » (voir pour plus de précision la bibliographie). KAISER est exempt de l'hostilité polémique à l'égard de la pensée grecque qui a fait tant de tort à la recherche biblique au XXe siècle. Voir aussi C. K. BARRETT, « Immortality and Resurrection » dans *London Quarterly and Holborn Review*, 190, 1965, 91-102 ; il écrit : « Les anciens Grecs et les anciens Hébreux avaient des façons de voir remarquablement semblables en ce qui concerne la mort physique et ce qu'il y a après » (p. 92).

si nous pouvons nous laisser guider par les parallèles homériques — il semble que cela ait fourni un des éléments essentiels sans cesse repris dans les discussions sur l'immortalité : la continuité dans l'*identité*. Dans l'Hadès, Achille était toujours, en un sens, celui qui s'était illustré dans les grandes batailles devant Troie. Il pouvait parler [1]. On pouvait lui demander comment étaient les choses, en bas dans l'Hadès, et il pouvait donner comme il l'a fait une réponse très négative.

Il y avait continuité dans le caractère comme dans l'apparence. On pouvait reconnaître les gens. Ulysse a reconnu sa mère. Certes elle n'avait nulle substance corporelle, et quand il l'étreignit, il n'y avait rien là qu'il pût tenir, pourtant son visage et sa silhouette étaient ce qu'ils étaient durant sa vie. Les ombres étaient identifiables. Apparemment, on pouvait reconnaître Samuel à son manteau et à son aspect. Son ombre proféra contre Saül le genre même de tirade furieuse qui avait caractérisé ce voyant durant sa vie terrestre. Les ombres pouvaient parler de leur vie passée et la comparer avec l'existence misérable qui leur était désormais imposée. Elles s'inquiétaient du sort de leurs enfants, se plaignaient des injustices qu'elles

1. Je sais bien que cette capacité des ombres à parler peut être due en partie, chez Homère, à des nécessités poétiques et que, d'après d'autres traditions, elles ne pouvaient parler mais seulement couiner ou piauler. Dans la Bible, on a rapproché cela de Is 8, 19 et 29, 4. Dans *L'Odyssée*, les ombres des prétendants mis à mort s'éloignent en couinant comme des chauves-souris (XXIV, 5-10). Voir J. BREMMER, *The Early Greek Concept of the Soul*, Princeton, 1983, p. 84 s. Mais si Homère a pu imaginer des ombres parlant de façon intelligible, les auteurs hébreux l'ont pu aussi. Les ombres en Is 14,10 parlent en excellent hébreu et dans un bon style poétique. Le cas de Samuel et de la sorcière d'Endor est intéressant, car il est étonnamment parallèle à celui de Tirésias dans *L'Odyssée*. Parmi les morts, lui seul avait un *noos* (*L'Odyssée*, X, 494-495). BREMMER (p. 84) écrit : « En tant que voyant, il n'appartient pas à la communauté normale des vivants [...] pour la même raison, il n'appartient pas non plus à la communauté des morts. » Cela pourrait avoir un rapport avec l'intéressante question de savoir pourquoi Samuel est le seul dans la Bible hébraïque à agir comme il le fait.

avaient dû subir ; elles insistaient surtout sur leur propre sépulture au cas où celle-ci n'aurait pu encore se faire. Le shéol n'était donc pas l'anéantissement total.

Or dans l'Ancien Testament, du moins dans son expression poétique, cela avait une grande importance. La question n'était pas d'abord de savoir si les personnes continuaient d'exister, que ce soit au plein sens du mot ou en un sens très diminué, mais bien de savoir si elles continuaient d'être en rapport avec Yahweh. Une des opinions à cet égard a trouvé sa plus belle expression dans l'inquiétant Psaume 88, et c'est que Yahweh les avait oubliées :

> Car mon âme est rassasiée de maux
> et ma vie est au bord du shéol ;
> déjà compté comme descendu dans la fosse,
> je suis un homme fini ;
> congédié chez les morts,
> pareil aux tués
> qui gisent dans la tombe,
> eux dont tu n'as plus souvenir
> et qui sont retranchés de ta main.
> (Ps 88, 4-6 [3-5]).

Mais les psalmistes, certains du moins, ne se sont pas contentés de cela. Même l'auteur du Psaume 88 priait pour que Dieu cesse de « le rejeter ». D'autres sont allés plus loin, ils ont exprimé la croyance que Yahweh, le Dieu unique, le Dieu de tous les domaines de l'existence, avait aussi pouvoir dans le shéol, virtuellement du moins, ou pouvait y être présent :

> Si j'escalade les cieux, tu es là,
> qu'au shéol je me couche, te voici !
> (Ps 139, 8).

Nul doute que cette croyance n'ait son origine dans la croyance essentielle des Hébreux en un Dieu unique. En

Grèce, il y avait les dieux du monde infernal ; peut-être ne se souciaient-ils guère des habitants de cette région, mais du moins leur existence voulait-elle dire que les dieux de l'existence normale dans le monde supérieur étaient absents de cette région. Dans l'Ancien Testament, du moins dans les courants religieux reconnus, ces divinités étaient éliminées. Le culte des morts, la nécromancie, l'aura sacrée entourant les morts étaient éliminés ou restreints. Le monde de la mort était devenu *tabou* (*tabuisiert*, dit Kellermann). Il y avait là Yahweh, ou bien pas de dieu du tout. Mais Yahweh affirmait régner sur tous les domaines. Son pouvoir devait donc s'étendre jusqu'aux sombres régions du shéol. On trouve en ce sens des textes très anciens ; j'ai déjà cité le Cantique d'Anne ; voici encore :

> S'ils forcent l'entrée du shéol
> [c'est-à-dire, pour échapper au jugement de Dieu],
> de là ma main les prendra ;
> et s'ils montent aux cieux,
> de là je les ferai descendre.
>
> (Am 9, 2).

Il n'y a ici nulle métaphore : le texte dit qu'il n'existe nulle part de lieu où l'on puisse se rendre pour échapper à Dieu. Il ne s'agit pas directement de la vie après la mort. Mais une possibilité essentielle est tout de même indiquée : Dieu est capable d'exercer son pouvoir jusque dans le shéol.

Les Israélites pieux ont soulevé à cette occasion deux vraies questions :

1. Dans le shéol, peut-on entrer en contact avec Yahweh ? peut-on l'y prier et l'y chercher ?

> Où irai-je loin de ton esprit,
> où fuirai-je loin de ta face ?
> Si j'escalade les cieux, tu es là,
> qu'au shéol je me couche, te voici.
>
> (Ps 139, 7-8).

2. Si le shéol est un lieu aussi affreux, est-il concevable que Dieu y veuille laisser ceux qui lui sont dévoués, qu'il ne soit pas capable de les protéger de l'obscure ténèbre, du néant de la fosse ?

> Aussi mon cœur exulte, mes entrailles jubilent,
> et ma chair reposera en sûreté ;
> car tu ne peux abandonner ma *néphesh* au shéol,
> tu ne peux laisser ton fidèle voir la fosse.
> (Ps 16, 9-10).

Or, ces expressions ne sont pas des énoncés doctrinaux susceptibles de définir la nature de l'« au-delà » ; ce sont des formules doxologiques, des expressions de louange et d'adoration ; elles n'expliquent pas comment l'« âme » sera préservée du shéol, ou ce que Dieu fait au juste quand il lui arrive d'être présent dans le shéol. Elles n'en constituent pas moins une affirmation importante : le Dieu d'Israël est potentiellement présent dans le shéol, il a pouvoir pour régler la destinée des siens qui s'y trouvent et, ce qui est encore plus important, il est en mesure d'entendre leurs prières et de communier avec eux d'une certaine façon. Qui plus est, et en conséquence, il a le pouvoir de les préserver du shéol et, si nécessaire, de les en retirer.

Ces idées nous permettent de comprendre d'autres poèmes, comme le Psaume 49. Le problème de la mort y est très présent. En particulier, le sage meurt aussi bien que l'insensé (v. 11 [10]), et il en va de l'humanité tout comme des bêtes périssables (*nimeshal kabehemôt nidemu* v. 13 [12]). La mort est le lot de ceux qui sont sottement sûrs d'eux-mêmes — les termes précis ne sont pas tous très clairs, mais du moins ceci :

> Mais Dieu rachètera mon âme ;
> des griffes du shéol et il me *prendra*...
> (v. 16 [15]).

Il est très probable qu'ici le mot « prendre » s'inspire de l'idée exprimée par exemple en Gn 5, de Dieu qui a « pris » Enoch [1]. On trouve la même chose dans le Psaume 73, 24 :

> Par ton conseil tu me conduiras,
> et après cela tu me *prendras* dans ta gloire.

Héritage de récits anciens, la terminologie connue, de Dieu qui « prend » exceptionnellement certaines personnes, fait partie dans des expressions de ce type de la façon qu'ont les Israélites d'épancher devant Yahweh le sentiment qu'ils ont de leurs besoins et de leurs limites.

On a parfois mis un autre aspect en vedette (c'est le cas en particulier de Christoph Barth) : la mort serait dotée d'une force susceptible de s'introduire jusque dans la vie présente. La mort étend son royaume et se saisit des gens par le pouvoir du péché, par la maladie, par l'hostilité et l'injustice, peut-être même par la magie et d'autres forces maléfiques. En ce sens, la « mort » n'est pas à entendre de ce que nous appelons « la mort physique ». C'est une force cosmique susceptible de se saisir de nous alors que nous continuons à circuler, à parler, à agir. La réalité de ces concepts a fait l'objet de nombreuses études [2], et ils sont d'une extrême importance en particulier pour l'intelligence de la poésie hébraïque. Toutefois, quand il s'agit de savoir par exemple si, pour l'homme de la Bible, la mort est ou non une chose « naturelle », il faut tenir compte de l'existence d'un fossé sémantique entre ce que *nous* voulons dire et ce dont parle le langage de la Bible. Lorsqu'un poète biblique, malade ou dans une grande affliction, s'estime

1. Ulrich KELLERMANN, « Überwindung », p. 277, dit que dans l'emploi de ce mot n'est pas impliqué un réel *enlèvement*, mais que ce destin *(Geschick)* exceptionnel est une image qui exprime la permanence de communion du juste avec Dieu, Yahweh.

2. Résumé récent dans M. A. KNIBB, « Life and Death in the Old Testament », p. 403-407.

emporté dans le royaume de la « mort » ou « précipité dans le shéol », ou qu'une vie aussi amoindrie est une forme de mort, nous devons reconnaître que dans de telles expressions la « mort » n'équivaut pas à ce que nous appelons la mort [1]. Ce n'est point tant que « mort » est employé en un sens métaphorique, comme lorsque aujourd'hui quelqu'un dit « je suis mort de fatigue » ; c'est plutôt, si nous en croyons Barth, que les frontières conceptuelles de la mort sont réelles, mais définies autrement. Il y a une différence entre cette idée biblique de la « mort » (entre guillemets) et ce que nous entendons par le mot mort quand nous nous demandons si elle est ou non chose naturelle. À appliquer de manière univoque l'usage biblique à notre propre existence, il faudrait dire « morts » tous les patients du service des urgences d'un hôpital, de même, sûrement, que tous ceux en traitement psychiatrique pour dépression ; c'est seulement lorsqu'ils seraient transférés dans le service de convalescence ou au terme du traitement psychiatrique qu'ils auraient retrouvé la « vie », qu'ils ne seraient plus « morts ».

S'il est exact que ceci représente bien le langage de la Bible (mais je n'en suis pas absolument sûr), tout ce que cela prouve, semble-t-il, c'est que les matériaux bibliques qu'intègre ce langage ne peuvent pas nous aider à résoudre le problème de ce que nous appelons la mort. Il se peut que la « mort » prise en ce sens poétique biblique soit une malédiction, quelque chose qui s'oppose à Dieu, une force qui le défie et se dresse contre lui, mais cela prouve seulement que nous parlons d'autre chose que la mort. Posons par hypothèse un

1. Voir par exemple H. BIRKELAND, « The Belief in the Resurrection of the Dead in the Old Testament », *Studia Theologica*, 3, 1949, p. 69 s. : « on n'a pas pu parler d'une mort réelle [...] La vie exprime l'aspect positif de l'existence, la mort l'aspect négatif. » Mais voir le compte-rendu par KAPELRUD du livre de C. BARTH dans le SEÅ 13, 1948, et l'opinion de BIRKELAND, pour qui BARTH a appliqué les vues de PEDERSEN d'une manière « quelque peu mécanique ».

personnage biblique usant de cette expression : quand il déclare « J'étais mort mais Dieu m'a rendu la vie », ce qu'il veut dire c'est quelque chose comme : « Je supportais de terribles souffrances, la terreur et la solitude, mais Dieu m'a rendu la santé, m'a délivré de la peur, m'a donné une communauté. » C'est un langage grave, mais cela ne parle toujours pas de ce que nous mettons sous le terme de mort.

On pourrait faire une comparaison avec notre emploi de « faire revivre » : cela vient de « faire vivre (de nouveau) », mais ce n'est jamais ou presque employé en ce sens. Cela veut dire « redonner de la vitalité, ranimer », après un évanouissement, une perte de conscience, une défaillance, etc. Le terme biblique *ḥayah*, « vivre », peut être assez semblable, surtout aux formes *hiphil* et *piel*. C'est ainsi que le *piel* peut signifier « laisser vivre (continuer à) » (par exemple Ex 1, 17 à propos des bébés hébreux de sexe féminin) ; le *hiphil* peut signifier « rendre la santé » (à un lépreux), 2 R 5, 7, voir Ézéchias en Is 38, 16) ; s'agissant de la végétation, le verbe peut vouloir dire « faire croître, produire » (du grain) (Os 14, 8) ; le sens peut être « ranimer » (le cœur et l'esprit de qui est opprimé et déprimé) », deux fois en Is 57,15 ; et il peut signifier « rendre la vie » (à un mort), 2 R 8, 1, etc. Ainsi, en hébreu, la terminologie du « vivant » recouvre-t-elle une remarquable diversité, et il en va de même pour « faire revivre » dans notre propre usage. Si cette opinion critique est correcte, elle s'applique également au terme « mort » en hébreu, du moins dans les Psaumes.

Et pourtant, il ne faudrait pas non plus exagérer l'importance de ce type de vocabulaire. Dans la vaste majorité des cas, quand la Bible hébraïque parle de la mort, elle l'entend tout comme nous. À première vue, et comme nous l'avons suggéré plus haut, cela peut simplement vouloir dire que nombre des mentions de la « mort » dans la poésie hébraïque sont sans rapport avec notre recherche sur la mort, l'immortalité et la résurrection. Pourtant, à y regarder de plus près, il n'en va peut-être pas ainsi. Des expressions poétiques, comme dans les prières pour être délivré de la « mort », pourraient bien dans un premier temps se référer à une force susceptible de se saisir des vivants et de les dominer ; plus tard, les mêmes formules, considérées du point de vue courant et quotidien des mots, auront pu se trouver à l'origine de l'espoir d'être délivré de la mort au sens normal et physique du mot.

Peut-être en va-t-il de même dans des passages où l'opposition entre Dieu et « la mort » pourrait remonter à une époque à laquelle *Mot* (= « la Mort ») était une divinité engagée dans un combat avec une autre : depuis la découverte des textes d'Ougarit, ce thème a reçu une attention accrue. Ici encore, l'opposition est forte, spectaculaire, mais selon cette interprétation elle ne fait pas la preuve d'une opposition directe entre le Dieu d'Israël et la mort au sens normal que nous donnons à ce mot. Yahweh peut bien une fois de plus affronter la divinité « Mort », mais cela signifie simplement qu'il n'y a pas de référence claire et directe à ce que nous appelons « la mort ». Dans de tels cas, nous avons affaire à des vestiges d'anciens conflits théomachiques : on ne peut tirer de ces textes des indices sur l'attitude des Hébreux en face de la vie et de la mort.

Néanmoins, au fur et à mesure que le temps passe, l'aspiration à la victoire sur la mort semble bien trouver une expression plus forte dans la poésie et la prophétie : ainsi en Is 25, 8 ; Os 13, 14, et d'autres passages comparables. Ici encore, des vestiges de poésie théomachique en seront venus à exprimer la croyance en une véritable hostilité de Yahweh à l'égard de la mort au sens normal du terme. Mais, on va y revenir bientôt, l'idée d'un paradis retrouvé sous la forme d'un royaume de *paix* peut avoir eu sa part dans ce développement : en ce sens, ce n'est pas simplement une réaction à l'encontre de la mort en quelque sens que ce soit, mais aussi à l'égard de la violence, de la souffrance qui en résulte, et en particulier de la *guerre*.

L'âme dans la « pensée globale » des Hébreux.

L'image de la « pensée globale » des anciens Hébreux a joué un rôle important dans la recherche moderne en ce domaine[1]. A. R. Johnson écrit : « La pensée israélite ne conçoit pas tant l'homme de façon duelle, comme "un corps" et "une âme", que synthétiquement, comme une unité de force vitale ou (selon la terminologie commune) un organisme psycho-physique[2]. » Nul doute que cette façon de penser n'ait exercé une réelle influence sur les idées qu'on se faisait sur la nature de la vie et le caractère de la mort dans l'Israël biblique. Knibb cite Westermann, selon qui un « être humain ne se compose pas d'un certain nombre de parties (comme le corps, l'âme, etc.) : il est "quelque chose" qui devient une personne humaine par l'animation vitale [...] une personne est créée comme une *nephesh ḥayyah* : on ne met pas dans son corps une "âme vivante[3]". Ou encore, pour recourir à une autre façon populaire de parler, l'homme « n'a pas » une âme, il *est* une âme vivante. Il est indubitable que ces idées ont exercé une grande influence sur la réflexion contemporaine.

Au centre, il y a le terme *nephesh*, souvent rendu par « âme » dans les anciennes versions de la Bible. En général, les auteurs mettent au premier plan la création d'Adam (Gn 2, 7). Quand il créa le premier homme, Dieu le modela

---

1. Résumé récent dans KNIBB, p. 397 s.

2. A. R. JOHNSON, *The Vitality of the Individual in the Thought of Ancient Israel*, Cardiff, Université du pays de Galles, 1964, p. 84, cité par KNIBB, p. 397. KNIBB commente : « Il [JOHNSON] a pris pour point de départ de son raisonnement l'idée que la pensée des Israélites était, comme celle des prétendus peuples "primitifs", essentiellement synthétique. » On peut se demander aujourd'hui si cette base était bonne. En outre, à partir de ce qu'on subodore des peuples « primitifs », ceux-ci avaient souvent, à côté d'un mode synthétique de pensée, un ensemble complexe et mystérieux d'idées sur les âmes et leur indépendance par rapport aux corps.

3. KNIBB, p. 398.

en se servant de poussière ou de boue et « il insuffla dans ses narines une haleine de vie ; et l'homme devint une *nephesh* vivante ». De là et de quelques autres exemples analogues, on tire la conclusion que *nephesh* signifie la totale et indivisible unité de la personne, corps, âme et tout ce qui peut exister d'autre. On rappelle que le mot peut désigner une partie du corps, comme la gorge ; elle peut être assoiffée et être désespérée ; en Nb 6, 6, il peut même s'agir d'un cadavre (*'al nephesh met lo iabo'* : le naziréen ne doit pas avoir de contact avec la *nephesh* d'un mort). On la tient pour emblématique de la pensée par totalité qui est celle des Hébreux, très éloignée de la pensée analytique des Grecs et des modernes. Je dois avouer que je me suis moi-même par moments exprimé de la sorte : mais à y regarder d'un œil neuf, on peut s'interroger.

Tout cela peut-il être vrai ? Bien des raisons s'y opposent. Est-il le moins du monde plausible qu'au tout premier stade de leur tradition les anciens Hébreux se soient déjà fait de l'humanité une image qui s'accorde si bien avec l'intérêt porté par les modernes à l'unité psychosomatique ? Comment ont-ils fait pour tout comprendre si bien tandis que les Grecs comprenaient apparemment tout de travers ? N'y a-t-il pas dans tant de manuels modernes un évident parti pris de nier obstinément, chez les Hébreux, toute idée d'une « âme » indépendante, et pire encore d'une âme immortelle ? N'est-ce pas là une analyse sémantique erronée, inspirée par l'admiration qu'on porte à cette « pensée globalisante » qu'il s'agit justement de démontrer ?

Essayons de prendre les choses autrement. Le mot *nephesh* a une grande diversité de sens, qui se recoupent, mais demeurent reconnaissables, et il n'y a pas de « concept unitaire » de la *nephesh*. Le choix entre les diverses significations se fait en chaque cas au moyen du contexte, verbal et syntactique. C'est seulement dans certains cas et certains contextes que *nephesh* concerne la recherche sur « l'âme ». Et on peut supposer que « l'âme » peut être à l'occasion désignée aussi par d'autres termes.

Revenons donc au cas, supposé crucial, de Gn 2, 7. *Nephesh ḥayyah* veut dire « un être vivant » ou quelque chose comme cela : c'est un terme courant pour désigner des animaux. Fait de boue, ayant reçu de Dieu l'insufflation du « souffle de vie », le premier homme devient un être animé, qui vit et se meut. On peut, si l'on veut, appeler cela une totalité. Mais cela n'a rien à voir avec la nature de l'âme ; car ici *nephesh* ne veut pas dire l'« âme ». En Gn 2, 7, ce qu'il y a de plus proche de l'âme c'est le « souffle » qui vient de Dieu, qui est tout à fait distinct de la masse de boue dont Adam a été formé. Adam est façonné avec de la boue, et Dieu insuffle en lui le souffle de vie ; il devient ainsi un être animé, comme tous les autres animaux. Le texte est clairement dualiste : il y a deux ingrédients en l'homme, la boue et le souffle. Alternativement, on peut le concevoir de façon moniste : alors le « souffle » n'est pas une « partie » de l'homme mais quelque chose qui entre en lui et qui en ressort ; le seul élément qui *est* réellement l'homme, c'est la boue ou la poussière. « Tu es poussière et à la poussière tu retourneras » (Gn 3, 19) s'inscrit clairement dans cette lignée de pensée. S'il y a dans ce verset quelque chose qui se rapproche de l'« âme », ce n'est pas la *nephesh ḥayyah* de la fin du verset, mais le « souffle » que Dieu insuffle en l'homme. Impossible de prétendre, comme on l'a fait d'innombrables fois, que la *nephesh ḥayyah* de ce texte nous dit que dans la pensée hébraïque l'« âme » est la totalité de la personne humaine. Le texte ne dit rien de tel. Cette affirmation provient du transfert grossier, irréfléchi, du sens d'« âme », habituellement attaché à *nephesh*, à cette expression dans laquelle le mot a un sens totalement différent. C'est un sophisme pur et simple :

1. — *nephesh* est le mot hébreu pour désigner l'« âme » ;
2. — *nephesh* désigne Adam dans sa totalité d'être humain ;

3. — par conséquent, en hébreu, le mot « âme » désigne la totalité de l'être vivant, y compris tout ou partie de ses caractères physiques.

Le raisonnement repose sur ce qu'il nie : car il repose sur l'idée traditionnelle que *nephesh* est le mot pour désigner l'« âme », ce qu'on s'efforce précisément de nier.

C'est la polysémie de *nephesh* qui rend impossible un tel raisonnement. Le défaut réside dans le présupposé erroné selon lequel existerait un « concept » de la *nephesh* constitué par l'assemblage de toutes les relations de signification différentes que le mot est susceptible de connaître [1]. Quand nous parlons de l'« âme », nous devons nous en tenir aux cas où *nephesh* signifie réellement « âme » et reconnaître que les nombreux cas où le mot a un autre sens peuvent être écartés. Dans son important article [2], Westermann a justement reconnu que *nephesh* a ce sens d'« âme » seulement dans un groupe limité de textes ; mais il reconnaît aussi qu'il y a des cas où ce sens ne peut être écarté.

Il existe donc d'autres contextes dans lesquels il semble que *nephesh* soit beaucoup plus proche de ce qu'on entend traditionnellement par « âme [3] ». Ce sont ces derniers cas qu'il faut examiner en priorité dans cette étude sur l'âme. Le problème est que nombre de ces cas sont ambigus : par exemple, *nephesh* peut avoir le sens de « vie », tout en ayant également le sens d'une « âme » indépendante (au moins partiellement).

1. Voir l'idée de « transfert illégitime de totalité » dans mon livre *The Semantics of Biblical Language* (Londres, Oxford University Press, 1961 ; rééd. à Londres, SCM Press, 1983), p. 218-222 ; (trad. : *Sémantique du langage biblique*, Paris, Bibliothèque de sciences religieuses, 1971, rééd. 1988, p. 245 s.) Cette erreur de méthode signalée alors continue à se produire. Le traitement de *nephesh* par BARTH (*Church Dogmatics* III-2, p. 378 s.) en est un remarquable exemple.

2. C. WESTERMANN, THAT, II, 71-96.

3. Voir l'article compétent de WESTERMANN dans THAT, II, 71-96, dans lequel il distingue soigneusement divers domaines et composants de sens : un seul de ces groupes est, dit-il, rendu correctement par l'allemand *Seele*.

Il est évident que la formidable pression culturelle moderne en faveur d'un sens de la « totalité » de la personne a poussé la recherche dans cette direction. En outre, les traductions modernes tendent à écarter la traduction par « âme », ce qui masque au commun des lecteurs l'ampleur des témoignages textuels. Une autre interprétation que celle de « totalité » serait souvent plausible, si l'on consacrait à sa recherche la volonté et l'imagination nécessaires. Et le fait que Gn 2, 7, souvent tenu pour l'exemple « modèle » du sens de « totalité », est certainement un mauvais exemple, encourage à chercher dans d'autres directions. Est-il bien vrai qu'il n'y ait aucun exemple où l'« âme » soit autre chose que la totalité psychosomatique de la personne ? Je ne crois pas être aujourd'hui en mesure de prouver qu'il y en a, mais je pense pouvoir montrer que l'on peut raisonnablement l'envisager.

Prenons d'abord les cas où un individu s'adresse à sa propre *nephesh* (Ps 42, 103) : faut-il penser que la personne (totale ?) s'adresse à sa propre totalité [1] ? J'admets tout à fait qu'une totalité de la personne humaine est impliquée. Mais il est également possible que la personne s'adresse à « l'âme », qui est quelque chose comme un compagnon ou un accessoire supérieur de cette totalité. Lus selon l'interprétation habituelle de la « totalité », ces passages semblent plutôt absurdes. On comprend mieux si la personne s'adresse à son âme, entité qui est associée à son unité psychosomatique mais qui aussi, en un sens, lui est extérieure, en est indépendante. Je ne vois rien qui s'oppose à cette idée.

En second lieu, il nous faut envisager les cas où *nephesh* est pris dans une opposition. Une expression comme celle

1. WESTERMANN, col. 94, l'explique comme « une formation rhétorico-cultuelle dans laquelle *nephesh* n'a plus rien de son sens propre mais a seulement le sens, transformé, du pronom personnel. » Je comprends bien, mais je ne vois pas pourquoi il doit en être ainsi. Je pense qu'une personne peut parfaitement s'adresser à son âme, et c'est ce qu'elle fait ici.

d'Is 10, 18, *mi nephesh we'ad basar* (« tout ce qui sépare la *nephesh* de la chair ») est, dans ce contexte, métaphorique et il s'agit sûrement d'une expression proverbiale qui sans nul doute signifie « complètement [1] ». Mais elle repose évidemment sur l'opposition entre *nephesh* et chair : ce ne sont peut-être pas généralement deux réalités totalement séparables, mais dans un cas comme celui-ci elles sont diamétralement opposées. Et de tels cas sont de toute première importance pour étudier l'idée de l'âme.

On peut juger ambigus les exemples de parallélisme poétique : Jb 14, 22 : « sa chair le fait souffrir et sa *nephesh* se lamente sur lui » ; Ps 63, 2 (1) : « ma *nephesh* a soif de toi, après toi languit ma chair » ; Ps 84, 3 (2) : « ma *nephesh* soupire [...] mon cœur et ma chair crient [...] » [2]

De soi, le parallélisme n'indique pas si les deux éléments sont perçus en une étroite association ou si, au contraire, on y voit les deux extrémités du spectre. Et si les uns penchent pour la première branche de l'alternative, on ne peut s'étonner que d'autres choisissent la seconde. Je pense, sans qu'on puisse en être sûr, qu'il s'agit probablement d'un parallélisme d'opposition : la chair et l'âme sont deux entités très différentes. Le poème tire précisément son effet de ce qu'ici elles partagent une même action [3].

La *mobilité* apparente de l'âme en certaines circonstances apporte aussi un important témoignage. Il y a des cas où la *nephesh* « quitte » une personne et, parfois, « revient ». À la mort de Rachel (Gn 35, 18) sa *nephesh* sort d'elle. Ici encore, le texte peut être ambigu. Veut-il dire « quand sa vie la

---

1. WESTERMANN, col. 84.

2. Dans certains de ces cas, les traductions modernes, embarrassées pour rendre *nephesh*, proposent des traductions diverses qui permettent difficilement de reconnaître le mot hébreu exact.

3. Pr 11, 17 en est un autre exemple, mais avec *shéer*, mot moins courant pour « chair ».

quitta », auquel cas rien n'est dit proprement de l'âme ? Ou veut-il dire « quand son âme la quitta », et alors on peut se demander où son âme s'en est allée, et ce qu'il en est advenu. La RSV rend : « comme son âme s'en allait » ; la REB démythologise strictement en traduisant : « à son dernier soupir »[1]. Si la *nephesh* n'est qu'une force vitale ou signifie simplement « la vie », le passage ne nous dit rien de l'âme en question ; si le mot signifie l'âme, il nous en dit beaucoup. Il suggère en effet que la *nephesh* est conçue comme quelque chose qui vit avec la personne ou en elle, mais qui a une certaine indépendance et qui est dans la personne la source vitale essentielle de son activité. Quand elle part, la personne meurt évidemment. Compte tenu de l'énorme documentation attestant pareilles conceptions de l'« âme » chez les anciens, je ne peux pas comprendre pourquoi on devrait s'interdire cette lecture. Me sera-t-il permis désormais de l'appeler l'« âme » ?

Il en va de même pour l'enfant de 1 R 17, 21 s. Le « souffle » de l'enfant a cessé (v. 17). Élie prie pour que sa *nephesh* lui revienne ; et de fait elle revient en lui (littéralement : « à l'intérieur de lui ») et il revit. Pourquoi ne pourrait-on l'entendre d'une âme qui s'était retirée et qui est revenue ? Ici encore, on ne peut sans doute rien prouver, mais cela me paraît très probable.

L'âme semble déborder les strictes frontières de la personne. Jonathan aimait David « comme sa propre âme » : ce n'est pas simplement qu'il s'aimait lui-même : Si le texte précise qu'il aimait son âme, cela doit signifier quelque chose. Si l'âme de Jonathan était « liée » ou « nouée » ou attachée à l'âme de David (1 S 18, 2), il y a là plus qu'une métaphore pour exprimer leur affection : son âme s'avançait pour rejoindre celle de David et se joindre à elle. Dans Ct 5, 6, l'âme de l'amoureuse « est sortie » vers son amant quand il est venu lui parler

1. L'expression française « rendre l'âme » (BJ) est elle-même ambiguë : le terme « âme » ayant pratiquement perdu ici sa signification littérale (N.d.T.).

à la porte (REB « mon cœur s'est serré »). Cette capacité de l'âme à se mouvoir et à s'étendre est une importante réalité qu'il ne faut pas chercher à évacuer.

Tous les chercheurs ont justement souligné le lien de l'« âme » avec la vie. Mais la *nephesh* elle-même meurt-elle ? Si étroitement liée à la vie, il paraît improbable que la *nephesh* soit normalement censée mourir, et les textes le disent très rarement en dépit d'impressions parfois contraires. Il y en a des exemples, mais ils sont l'exception qui confirme la règle : c'est le cas de Balaam en Nb 23, 10 ; et en Jg 16, 30, où Samson dit « que ma *nephesh* meure avec les Philistins » ; et encore Jb 36, 14. Mais dans les récits, il semble que jamais un texte ne dise « son âme mourut ». Sur des centaines de récit de mort, c'est là un fait frappant. S'il s'était trouvé disons une vingtaine ou une trentaine de passages où l'on dise « sa *nephesh* mourut », on nous aurait dit que c'était bien la preuve décisive que la *nephesh* est la personne humaine en sa totalité et que toute idée de « vie après la mort » en était exclue. Mais ces cas, s'il en est, sont fort rares. On pourrait concevoir que l'âme (certainement avec l'aide divine) perdure dans le temps au-delà de la mort corporelle, le départ de l'âme et la mort n'étant pas considérés comme nécessairement simultanés. En 1 S 25, 36-38, Nabal reçoit de terribles nouvelles de sa femme Abigaïl et « son cœur mourut en lui et il devint de pierre ». Mais ce ne fut pas pour autant sa fin car c'est une dizaine de jours plus tard que le Seigneur le frappa « et il mourut ».

Quand je dis que l'âme peut durer au-delà de la mort corporelle, je n'opte pas en faveur de l'« immortalité » ; il y a d'autres possibilités : par exemple, que l'âme continue à vivre comme entité indépendante pendant quelque temps ou dans des conditions spéciales. (On mentionnera bientôt une opinion rabbinique en ce sens.) Dans ce cas, elle ne mourait pas nécessairement quand le corps mourait de mort naturelle, bien qu'elle pût être mise à mort ou détruite par des forces hostiles comme le shéol. C'est ainsi qu'on lit dans quelques cas « tu as délivré mon âme de la mort » (par ex. Ps 33, 19 ; 56, 14 [13] ; 116, 8 ; voir 78, 50. On peut les classer de cette façon).

À quoi on peut ajouter les exemples où *nephesh* est étroitement associée à *ruah*, couramment traduit par « esprit ».

> Pendant la nuit, mon âme vers toi aspire,
> mon esprit au-dedans de moi te cherche...
> (Is 26, 9).
>
> L'amertume de mon âme
> la vie de mon esprit

(ce dernier passage, Is 38, 15-16, concerne le shéol).

Si *nephesh* peut — parfois — représenter un être humain dans sa totalité psychosomatique, cela ne vaut pas pour autant pour *ruah. Ruah* est vraisemblablement en opposition systématique à *basar* (« la chair ») : dans cet emploi, c'est quelque chose de mobile, libre de la chair, même si bien sûr il lui arrive de s'y empêtrer. De tels exemples contribuent encore à concevoir la *nephesh* comme nettement distincte de la « chair ».

Du point de vue de ceux qui se préoccupent de la résurrection et de l'immortalité, la remarque la plus forte est peut-être celle-ci : dans les passages relatifs à l'éventuel abandon de quelqu'un au shéol, *napheshi* « mon âme » s'emploie plus fréquemment et l'emporte nettement sur les autres expressions anthropologiques susceptibles de l'accompagner ou de lui être parallèle.

> Tu as tiré mon âme du shéol.
> (Ps 30, 4 [3]).
> Tu as tiré mon âme des tréfonds du shéol.
> (Ps 86, 13 [12].
> Tu as préservé mon âme [RSV « ma vie »] de la fosse du néant.
> (Is 38, 17 [18].

Mon âme est rassasiée de maux et ma vie est au bord du shéol.
(Ps 88, 4 [3]).

Tu ne peux abandonner mon âme au shéol.
(Ps 16, 9 [10]).

Les psalmistes ne disent pas : tu n'abandonnes pas mon cœur, ou ma chair, ou mon foie, ou mes reins, au shéol. C'est de l'âme qu'il s'agit.

Ici encore, on peut faire une comparaison avec l'Hadès d'Homère. Lorsque Ulysse, voulant embrasser sa mère, s'aperçoit qu'il n'y a plus rien dont il puisse se saisir, il craint que Perséphone lui ait envoyé une simple *eidôlon*, mais sa mère lui explique que c'est ce qui se produit normalement à la mort : les membres n'ont plus ni chair ni os, tout cela est brûlé après que le *thumos* a quitté les os et que la *psychè* s'envole comme un rêve (*L'Odyssée*, XI, 210-224). À cet égard, la conception homérique est elle aussi un point de vue de « totalité ». La chair, les os, etc., tout cela s'est décomposé, et la *psychè* est la totalité de ce qui continue d'exister.

Comme nous l'avons vu, les cas où le sens peut être celui de l'« âme » sont souvent assez ambigus. Le sens de « âme » ne se distingue par aucun marqueur terminologique des autres sens de *nephesh*. Les cas où le mot signifie « être vivant », « animal », « personne » (comme avec des nombres, dans des listes, etc.) sont facilement reconnaissables à leur situation syntactique, ce qui aide à les mettre en valeur : alors que ceux où le sens d'« âme » est possible peuvent facilement passer inaperçus sous la pression de l'ambiguïté. Une autre erreur d'orientation vient de l'illusion d'objectivité causée par l'étymologie et par les méthodes linguistiques qui tiennent le sens physique pour « fondamental ». C'est ainsi que l'attention a été attirée sur le sens de « gorge » pour *nephesh* ; or ce sens me paraît tout à fait marginal pour l'interprétation d'ensemble de la Bible. Un ouvrage comme l'*Anthropologie de l'Ancien*

Testament de Wolff[1] ne consacre qu'une seule page sur seize à « âme », après avoir consacré quatre pages à « gorge » et « cou » ; il ajoute trois pages sur son emploi et affirme que « mon âme » n'est rien d'autre qu'une façon d'exprimer le pronom personnel « je ».

Il me paraît donc probable, en certains contextes, que la *nephesh* n'est pas (comme beaucoup le soutiennent aujourd'hui) l'unité du corps et de l'âme, la personnalité dans sa totalité faite de tous ces éléments : il s'agit plutôt dans ces contextes d'un centre supérieur de commandes qui accompagne l'existence de cette totalité, l'exprime et la dirige et qui, en particulier, donne vie à l'ensemble. Puisque c'est l'élément vivificateur, on a peine à concevoir qu'il doive lui-même mourir. Il peut simplement retourner à Dieu, vie faisant retour à la source de la vie. Autrement, il peut continuer d'exister, et l'idée qu'il descende au shéol, ou qu'il soit tué, est intolérable. Particulièrement odieuse est l'idée que la *nephesh*, au sens de l'« âme », serait prisonnière du shéol. Reconnaître ce fait, c'est tenir ouverte la porte de l'immortalité. Je ne dis pas que les Hébreux dans les premiers temps « croyaient en l'immortalité de l'âme ». Mais qu'ils disposaient de termes, de distinctions et de croyances sur lesquels pouvait s'édifier pareille position, et c'est bien ce qui est arrivé.

Incidemment, il est intéressant de noter que Johannes Pedersen, lui dont le maître ouvrage *Israel* a été à bien des égards l'étude la plus profonde sur la pensée par totalité chez les Hébreux, n'était pas le moins du monde enclin à réduire l'âme à quelque chose comme la vie humaine psychosomatique : au contraire, il a magnifié l'importance de l'âme, il a rempli d'âmes le monde entier, il a fait du corps une sorte d'âme plutôt que l'inverse.

En dépit donc de l'importance chez les Hébreux de la pen-

1. Hans Walter WOLFF, *Anthropology of the Old Testament*, Londres, SCM Press, 1974, p. 10-25.

sée par totalité (dont je ne discute pas le principe), certaines formulations de la Bible hébraïque indiquent des conceptions plus dualistes. Comme nous l'avons vu, la formation par Dieu d'Adam, « poussière tirée de la terre », l'instillation « dans ses narines du souffle de vie » (Gn 2, 7), en dépit de tout ce qui a pu être écrit, ressemblent terriblement à l'union de deux ingrédients dont Adam serait comme le composé. Enlevez le souffle de vie, qui vient de Dieu, et le corps retourne à la poussière.

L'auteur tardif de Qohélet, sans nul doute préoccupé de ce même thème, se représentait la mort précisément comme cette dissolution : « la poussière retourne à la terre qu'elle était et l'esprit retourne à Dieu, qui l'a donné » (Qo 12, 7). Que l'esprit retourne à Dieu, qui l'a donné, pourrait simplement vouloir dire que le souffle vivificateur est retiré et que l'homme « expire » : en d'autres termes, le « souffle » est une sorte de force impersonnelle qui tient ensemble les éléments corporels, constitue la vie, et finit par être retirée. Mais cela pourrait vouloir dire — ou encore on pourrait finir par l'entendre en ce sens — que ce souffle est davantage semblable à l'« esprit » de notre terminologie, et que l'esprit de la personne retourne à Dieu d'où la vie lui est venue ; cette idée est parallèle au mode selon lequel dans les sacrifices, le sang, qui est la vie donnée par Dieu, retourne à Dieu, qui en est la source. Ce ne sont peut-être pas là les conclusions du texte de la Genèse dans son contexte originel, mais peut-on s'étonner du fait qu'elles ont pu en être tirées ?

On peut même aller plus loin. Si le propos de Qohélet visait le récit de la création de l'homme en Gn 2, 7, ou du moins les mêmes idées, ce que je tiens pour probable, le fait qu'il emploie le terme *ruah* (« esprit ») paraît représenter une modification de grande importance : car ce mot ne pouvait comporter les dimensions indibutablement physiques qu'on a rattachées au concept de « totalité » de la *nephesh*. Il signifiait l'esprit humain qui prenait une direction autre que celle de la chair qui retournait à la poussière. Les antiques idées des Hébreux sur l'humanité étaient telles qu'on a pu élaborer à partir d'elles des conceptions qui différencient le corps et l'âme — et ce déjà dans les couches vétérotestamentaires plus récentes —, comme ce fut certainement le cas dans le judaïsme postérieur et le christianisme primitif [1].

Et voici l'autre versant : même si l'on fait la part belle à la pensée par totalité chez les anciens Hébreux, aux époques récentes sous diverses formes, le dualisme a pris une grande importance. Les manuscrits de la mer Morte constituent un domaine de choix pour cette étude. Dans un excellent exposé, Otzen a distingué « un *dualisme psycho-éthique* (deux pouvoirs ou "esprits" opposés constituent la nature humaine), un *dualisme cosmico-éthique* (l'homme et le monde sont partagés en deux groupes conduits l'un par "le prince de lumière", l'autre par l'"ange de ténèbres"), et un *dualisme eschatologique* (au monde présent, soumis au pouvoir de Béliar, "l'ange de ténèbres", succédera un monde nouveau soumis au pouvoir de Dieu [2]). » Les « deux voies », de lumière et de ténèbres, les deux penchants dans le cœur de l'homme, s'ajoutent à la série. Sans nul doute faut-il y adjoindre le corps (ou la chair) et l'âme, la mortalité et l'immortalité. Dans sa description des pharisiens, Josèphe dit très nettement que pour eux « toute âme est *aphtharton*, immortelle ou impérissable, mais l'âme des bons passe dans un autre corps tandis que l'âme des méchants

1. Il y a des parallèles à mon raisonnement chez J. F. A. SAWYER, « Hebrew Words for the Resurrection of the Dead » dans VT 23, 1973, 218-234. Ce qui a été écrit d'une certaine façon a pu être plus tard interprété d'une autre façon. Son titre parle précisément de résurrection, mais je pense que le raisonnement pourrait tout aussi bien s'appliquer à l'immortalité de l'âme. Les expressions rabbiniques caractéristiques comme « avoir part au monde à venir » sont loin d'être précises sur cette sorte de différence.

2. Benedikt OTZEN, « Old Testament Wisdom Literature and Dualistic Thinking in Late Judaism » dans VTS 28, 1975, 146-157 ; la citation vient de la p. 147.

subit le châtiment éternel [1] ». Il dit des esséniens que pour eux « les corps sont corruptibles [...] mais les âmes immortelles demeurent pour toujours » *(phtharta mèn einai ta sômata... tas de psuchas athanatous aei diamenein).*

Il est impossible d'écarter d'un revers de main les traces de ces distinctions dans les écrits du judaïsme tardif et du christianisme primitif. De quoi parlait Jésus quand il disait de ne pas craindre celui qui pouvait tuer le corps mais bien celui qui pouvait à la fois tuer le corps et l'âme en enfer [2] ? (Mt 10, 28). Les hommes pouvaient tuer le corps, non l'âme ; seules les puissances surnaturelles pouvaient nuire à cette dernière ou la tuer. Les paroles de Jésus sont tout à fait dans la ligne des écrits relatifs à la crise maccabéenne du martyre dont je parlerai dans un instant.

Les auteurs convaincus que la *nephesh* hébraïque représente une « totalité » ont souvent, et logiquement, affirmé que la traduction du mot par le grec *psychè* en avait déformé le sens. Westermann relève à juste titre la repartie de Bratsiotis pour

---

1. JOSÈPHE, *Guerre juive* 2.154, 163. Dans son introduction à *Immortality and Resurrection*, New York, Macmillan, 1958, p. 7 s., STENDAHL suggère que c'est peut-être une « traduction violemment apologétique de leur croyance en la résurrection », en d'autres termes que JOSÈPHE aura reformulé en des termes grecs une foi qui portait réellement sur la résurrection plutôt que sur l'immortalité de l'âme. J'en doute fort. En tout cas, même si cette suggestion est correcte, cela ne change rien, car a) si JOSÈPHE reformulait de cette manière des croyances juives, rien ne s'oppose en principe à ce que des auteurs néotestamentaires en aient fait autant ; b) si JOSÈPHE l'a fait, il y avait une foule de précédents juifs authentiques sur lesquels il pouvait modeler ses descriptions « grecques ».

2. À coup sûr, CULLMANN (*Immortality of the Soul*, p. 36) est fort peu convaincant lorsqu'à l'appui de sa théorie il entend ce passage au sens où c'est Dieu qui peut tuer à la fois le corps et l'âme. Il est beaucoup plus probable que c'est du diable qu'il s'agit. Il paraît suivre sur ce point BARTH, *Church Dogmatics*, III-2, p. 354 et 379. En tout cas, d'une façon ou de l'autre, le texte distingue très fermement le corps et l'âme.

qui cet argument ne tient pas si l'on prend en compte l'usage grec antérieur à Platon [1].

La pensée hébraïque n'est pas elle-même un bloc monolithique. Même si la description donnée pour la période biblique ancienne est correcte, l'image fondée sur cette période doit être fortement tempérée pour les périodes ultérieures. Et le pôle grec, dans la comparaison, doit lui-même être nuancé. Les théologiens qui opposent la pensée biblique à la pensée grecque adoptent en général une image de la pensée grecque fondée sur la tradition philosophique platonicienne ; mais on voit aisément que pour les Grecs anciens l'image de la vie et de la mort peut avoir bien plus de points communs avec celle de la pensée biblique ancienne [2]. L'hostilité à l'égard de la pensée grecque a sans doute poussé à négliger d'importants témoignages montrant que les plus anciens développements de la pensée grecque peuvent être évocateurs des réalités hébraïques. De même, si la pensée des anciens textes hébreux diffère de celle de la philosophie grecque, il est vraisemblable que certains textes du judaïsme tardif et post-biblique ont beaucoup plus de points communs avec cette philosophie. Il se peut que l'opposition convenue entre une image philosophique platonicienne et une idée hébraïque de totalité repose de part et d'autre sur des domaines et des périodes très limités, choisis arbitrairement et insuffisamment étudiés.

---

1. WESTERMANN, THAT, II, 95 ; N. P. BRATSIOTIS, « *Nepheš-psychè*, ein Beitrag zur Erforschung der Sprache und der Theologie der Septuaginta » dans VTS 15, 1966, 181-228.

2. STENDAHL a justement critiqué ce point : « dans cette dichotomie, "grec" ne désigne pas le monde d'Homère ou des Tragiques mais la forme très particulière de platonisme et de stoïcisme qui fusionnent à l'époque hellénistique [...] ou bien c'est un mot de ralliement pour des opinions de philosophie occidentale. Il faut en outre noter qu'à aucun moment dans l'histoire de la tradition chrétienne, l'Église ne s'est sentie dans l'obligation de préserver les modes de pensée sémitiques comme distincts de la tradition philosophique grecque et supérieurs à elle » (Introduction, p. 4-5).

Arrêtons-nous un instant pour rappeler que dans le judaïsme postérieur (talmudique et post-talmudique) résurrection du corps et immortalité de l'âme sont combinées de manière assez vague et fluide. J'emprunte des exemples à l'article « Vie après la mort » de l'*Encyclopaedia Judaica*[1] :

Quand un homme meurt son âme quitte son corps, mais elle maintient une relation temporaire avec lui pendant les douze premiers mois, allant et venant jusqu'à ce que le corps soit décomposé. C'est ainsi qu'il fut possible de relever des morts le prophète Samuel durant la première année qui suivit son décès. Cette année est pour l'âme une période de purification — ou, selon une autre opinion, seulement pour l'âme du méchant —, après quoi le juste va au paradis et le méchant en enfer. La condition réelle de l'âme après la mort n'est pas claire. Certaines descriptions suggèrent qu'elle est en repos, les âmes des justes étant cachées « sous le Trône de Gloire » (Shab. 152 b[2]), alors que d'autres paraissent attribuer aux morts une pleine conscience (Ex. R. 52,3, etc.). Le midrash dit même : « La seule différence entre les vivants et les morts est la faculté de parler. » Il existe aussi toute une série de discussions sur l'étendue de la connaissance, chez les morts, du monde qu'ils ont laissé derrière eux (Ber. 18 b).

Pour Maimonide [...] l'immortalité de l'âme est de suprême importance. S'il fait de la croyance en la résurrection plutôt qu'en l'immortalité de l'âme désincarnée l'un des principes fondamentaux de la foi juive [...] seule l'immortalité a du sens dans son système philosophique. D'ailleurs la résurrection ne figure pas dans le *Guide des égarés*.

Prenons encore le cas de Spinoza. Il fut excommunié à Amsterdam le 27 juillet 1656 : on a suggéré que ce fut notam-

1. D'après « La vie après la mort » dans l'*Encyclopaedia Judaica*, 2, 336 s. (sous la signature « ED », pour Scholem ?), col. 337-338.

2. Voir Shab. 152 a, qui dit : « L'âme d'un homme en porte le deuil (après sa mort) pendant sept jours pleins, car il est dit : Et son âme fera pour lui le deuil » (Jb 14, 22 : *we naphesho alayw te'ebal)*.

ment parce qu'il pensait que « l'âme meurt avec le corps », opinion choquante, équivalent à une forme d'athéisme pur et simple. On note à ce propos dans un article récent : « Le principal rôle théologique de la croyance en l'immortalité de l'âme est de fournir un fondement à l'idée de récompense et de châtiment en dehors de ce monde [1]. » Si cela a joué un rôle dans l'excommunication d'un personnage aussi éminent que Spinoza, il est clair que l'immortalité de l'âme était une matière grave pour les juifs.

On dira peut-être que ces traditions juives avaient emprunté les concepts de la philosophie grecque. C'est justement là que réside la question. Non seulement on a eu recours à une opposition grossière et critiquable entre pensée hébraïque et pensée grecque, mais encore on a donné à entendre que cette pensée hébraïque ainsi identifiée était quelque chose de *complet* et de *parfait*. À en croire le portrait qu'en tracent bien des auteurs, elle ne laisse irrésolu aucun problème, aucun dilemme ; elle ne renferme pas de contradictions, elle répond à toutes les questions. Dès lors, quiconque se laissait attirer par des éléments de la pensée grecque était un sot ou un fourbe. Ayant à sa disposition un mode de pensée parfaitement adapté, il était prêt à le corrompre par l'introduction d'idées fausses et inadéquates empruntées à Platon ou à d'autres, des idées susceptibles de détruire la totalité entièrement satisfaisante qui existait déjà.

Tout cela est illusion. Même si la description donnée de la « pensée par totalité » chez les Hébreux est correcte (ce dont on peut douter), elle comporte des lacunes, des apories et des contradictions dont témoignent les stades ultérieurs de l'interprétation, où l'on doit encore affronter bien des difficultés non

---

1. Voir A. KASHER et S. BIDERMAN, « Why was Baruch de Spinoza Excommunicated ? » dans *Sceptics, Millenarians and Jews*, sous la direction de D. S. KATZ et J. I. ISRAEL, Leiden, Brill, 1990, 98-141 ; la référence est aux p. 106-108.

résolues. Si dans les sources juives post-bibliques on s'intéresse aux idées grecques et on les trouve stimulantes, c'est que les problèmes rencontrés dans la tradition religieuse paraissaient être, du moins en partie, résolus au contact de ces idées et même, parfois lorsqu'on les adoptait partiellement. Très souvent quand les Juifs adoptaient des idées grecques, ce devait être parce qu'ils pensaient y trouver une expression adéquate des idées appartenant à leur religion ancestrale. Lifschitz cite une émouvante inscription juive de Césarée : *esètai [sic] hè psuchè humôn echomenè athanatou biou* (« votre âme sera en possession de la vie éternelle ») et il remarque qu'il s'agit d'une reformulation de 1 S 25, 29 : *kai estai psuchè kuriou mou endedemenè en desmô tes zôês* (« et l'âme de mon Seigneur sera ensachée dans le sachet de vie [1] »). L'original biblique exprime l'ancien monde hébreu, mais la version de Césarée leur en fournissait une très belle reformulation.

On peut supposer qu'il en alla de même dans le christianisme : même si le Nouveau Testament est totalement centré sur la résurrection du corps, l'idée en elle-même comportait bien des aspects problématiques, et le fait même d'être centré sur un unique concept explique peut-être pourquoi tant d'aspects problématiques restaient à examiner.

La pensée hébraïque tardive.

On l'a vu, la façon dont saint Paul utilise le récit du jardin d'Éden dépend dans une large mesure, non du récit même de la Genèse, mais de la façon dont ce récit en vint à être transmis et interprété plus tard, et en particulier à l'époque

---

1. B. LIFSCHITZ, « Inscriptions grecques de Césarée en Palestine (Caesarea Palestinae) » et « La vie d'au-delà dans les conceptions juives. Inscriptions grecques de Beth Shearim », *Revue biblique*, 68, 1961, p. 115-126 et 401-411 ; les citations viennent des p. 117 et s. et 405.

hellénistique. Je ne puis dans un espace limité prétendre passer en revue tous les développements qui s'y rapportent, mais on en a déjà mentionné certains, et il faut encore en dire un peu plus.

Dans les derniers stades de la Bible hébraïque, des accents semblent se déplacer. J'ai déjà relevé que dans l'Ancien Testament tout entier il n'y a pas le moindre renvoi à l'histoire d'Adam et Ève pour expliquer le péché ou le mal ou en rendre compte. Mais plus tard cela change et, dans ce qu'on appelle aujourd'hui la littérature deutérocanonique on voit fleurir l'intérêt porté aux récits des temps primordiaux.

On peut voir un symptôme de ce changement dans le portrait du roi de Tyr au chapitre 28 d'Ézéchiel. Impossible de démêler ici les nombreux problèmes posés par le texte et son interprétation mais, en simplifiant beaucoup, on peut dire qu'il y a deux unités et que, dans la première, Ez 28, 2-10, le roi apparaît nettement comme un être humain qui s'attribue le statut d'une divinité. Il a la sagesse, il a connu de gros succès dans le commerce et amassé une immense richesse. Toutefois, parce qu'il se prend pour un dieu, il sera attaqué par des étrangers qui le jetteront dans la fosse du shéol.

Le second oracle, en Ez 28, 11-23, peint le roi de Tyr comme « le sceau de la perfection », qui se trouvait en Éden, le jardin de Dieu, au milieu des pierres précieuses, sur la sainte montagne de Dieu. Depuis le jour de sa création, il a été irréprochable dans ses voies, jusqu'à ce qu'on trouve en lui de l'iniquité : il fut alors jeté au bas de la montagne, dépouillé et réduit par le feu en cendres. La mention d'un « chéroub » nous rappelle Gn 3, mais les problèmes textuels n'ont pas permis de décider si le roi est comparé au chéroub ou bien à une personne comme Adam, un premier homme associé au chéroub, ni quels sont les rapports entre les deux [1].

Certains ont vu ici une autre version du récit de la chute

---

1. Voir mon article « "Thou art the Cherub" (Ezekiel 28,14) », à paraître.

d'Adam, mais on ne peut le tenir pour assuré. À mon avis, le plus probable est qu'il s'agit d'une chute, non celle toutefois du premier homme, mais plutôt celle d'une de ces créatures célestes associées aussi avec la montagne de Dieu. C'était un être parfait ; il marchait au milieu de pierres précieuses. Il s'agissait de l'un des chéroubs, mais il abandonna son métier de gardien, tomba dans le péché et le mal, et fut expulsé. L'idée de Pope vaut d'être examinée : le récit dérive selon lui d'un ancien mythe (cananéen et ougaritique) du dieu El qui fut dépouillé de sa souveraineté et relégué dans le monde souterrain. En d'autres termes, le récit n'est pas tant parallèle à celui de la désobéissance d'Adam qu'à celui de la chute « angélique », celle de « Lucifer, fils du matin » en Is 14, 12 (RSV : « Étoile du jour, fils de l'Aurore »), lui qui est « tombé du ciel » : il aspirait à escalader le ciel, à placer en haut son trône, mais à présent il a été précipité au shéol. Ézéchiel souligne la « sagesse » de cet être : ce trait le fait semblable au serpent de Gn 2 et différent des humains de ce récit, eux à qui cette qualité faisait manifestement défaut. Ici, nous trouvons un aspect d'une idée appelée à un brillant avenir et qui est absente en Gn 2-3, exception faite pour le rôle très limité qu'y joue le serpent : c'est l'idée d'une rébellion céleste ou angélique contre Dieu et de l'expulsion de ces forces célestes rebelles.

Ézéchiel représente donc une étape importante dans le processus par lequel on en vient à insister sur les éléments de péché, de blâme, de révolte [1]. Mais au début ces éléments ont pu faire partie du tableau de la révolte céleste contre Dieu,

1. Voir une discussion récente sur cette partie d'Ezéchiel dans R. R. WILSON, « The Death of the King of Tyre : The Editorial History of Ezekiel 28 », dans MARKS et GOOD, *Love and Death*, p. 211-218. Plus anciennement, Herbert G. MAY, « The King in the Garden of Eden : a Study of Ezekiel 28 12-19 », dans *Israel's Prophetic Heritage : Essays in Honor of James Muilenburg*, sous la direction de B. W. ANDERSON et W. HARRELSON (New York, Harper, et Londres, SCM Press, 1962), p. 166-176.

tableau qui devait plus tard prendre tellement plus d'importance. D'autre part, les passages d'Ézéchiel, vagues, difficiles, textuellement obscurs, ont probablement à leur tour exercé une influence sur le récit de la Genèse. De fait, on peut dire que le tableau traditionnel montrant Adam et Ève en rébellion contre Dieu dépend, consciemment ou non, de la combinaison de ce passage d'Ézéchiel avec la Genèse.

Ézéchiel nous concerne aussi par sa vision de la vallée aux ossements desséchés (chap. 37), qui montre l'existence de la terminologie et de l'idée d'une résurrection corporelle, sans en affirmer nécessairement l'espérance. Car ce passage est l'image du renouveau de *la nation* comme en témoigne l'image suivante, où les deux morceaux de bois sont assemblés (Ez 37, 15-23). Puisque le retour à la vie des ossements est un symbole, rien n'indique que doive s'ensuivre réellement la résurrection corporelle, rien n'exprime un intérêt pour la résurrection individuelle. On peut en dire autant d'autres passages comme Is 26, 13-19 ; Os 6, 1-3 [1]. D'autre part, l'interprétation ultérieure a pu lire ces textes de manière plus littérale.

L'impact de la sagesse « sceptique ».

La tradition de sagesse est ici importante parce que, à la différence des psaumes et des hymnes, susceptibles d'exprimer de vagues aspirations, la sagesse éprouve le besoin de développer intellectuellement les choses. Certains des principaux passages que j'ai cités proviennent de poèmes à coloration sapientielle. Mais en traversant le domaine sapientiel, notre thème a été profondément marqué par l'esprit de scepticisme qui affecte la sagesse à l'époque post-exilique, notamment chez Job et Qohélet. Cette tendance a poussé à mettre en question certains des principes qui, dans le passé, semblaient ren-

1. Là-dessus, voir KELLERMANN, « Überwindung », p. 282.

dre compte du problème de la mort. Avec Job, ce qui est mis en question, c'est l'assurance que la justice est récompensée. Qohélet met en cause, plus gravement encore, certains des autres piliers de la sagesse conventionnelle. Pour lui, il n'y a pas de différence entre le juste et le pécheur : l'un comme l'autre seront oubliés. En d'autres termes, ce qui est mis en doute c'est le principe de la survie du nom. De même, on ne peut pas se fier au principe de la survie dans sa descendance. Qu'un homme ait cent enfants, qu'il vive longtemps (Qo 6, 3), mais sans jouir des bonnes choses de la vie, et aussi sans avoir de sépulture, je dis qu'un prématuré a un lot meilleur que le sien. Le sort du juste et celui du pécheur sont identiques.

Ce raisonnement a pour conséquence de faire passer la question de la continuité, par le nom et la descendance, du souvenir normal par les humains au souvenir par Dieu lui-même : à propos des eunuques, qui n'ont pas d'enfants, Dieu affirme que c'est *Lui* qui leur assurera un monument et un nom meilleurs que des fils et des filles (Is 56, 4-5). Sg 4, 1 poursuit cette ligne de pensée :

> Mieux vaut ne pas avoir d'enfants et posséder la vertu,
> car l'immortalité s'attache à sa mémoire,
> elle est en effet connue de Dieu et des hommes...

C'est ainsi que certaines des principales assurances fournies par les anciennes croyances des Hébreux perdent alors de leur force, du fait de développements internes et de mouvements exégético-critiques intérieurs à la Bible.

Avec la littérature postérieure, l'intérêt porté aux thèmes du péché, du blâme et de la mort prend encore plus d'importance [1]. Dans la littérature hellénistique, la culpabilité, le sexe

---

1. Sur toute cette section, voir déjà mon article « The Authority of Scripture : The Book of Genesis and the Origin of Evil in Jewish and Christian

et la mort reçoivent un traitement plus accentué que dans leur expression grecque classique ; voyez le contraste entre Apollonius de Rhodes et Homère. De même, dans les sources juives, l'histoire du mariage des anges, traitée de manière relativement ambiguë et comme en sourdine en Gn 6, fait l'objet de développements étendus et détaillés. Les êtres célestes rebelles, les *'irim* , *egrègoroi* ou « veilleurs », sont enrichis de noms ; on nous fait le récit de la redoutable prolifération du mal qu'ils ont introduit sur terre [1]. En même temps Énoch, qui appartient à la même période que ces anges, fait l'objet du plus grand intérêt, bien au-delà des informations très limitées que la Genèse fournit à son sujet. On peut dire que la Genèse même est au seuil de ces développements et qu'il faut la lire à leur lumière, mais elle n'en est pas encore arrivée à beaucoup les expliciter. On trouve dans cette littérature du judaïsme post-biblique davantage d'anticipation de l'idée chrétienne postérieure de « péché originel » que dans le judaïsme talmudique que nous connaissons. Et Énoch, nous l'avons vu, est un exemple biblique de premier plan pour l'idée d'immortalité.

Autre développement caractéristique de cette littérature qui allait être décisif pour l'avenir : la culpabilité et le blâme, qui avaient pris une telle importance, devaient être partagés diversement entre l'homme et la femme. Il est vrai que dans la

---

Tradition », dans *Christian Authority* (*Festschrift* Henry Chadwick, Oxford, Clarendon Press, 1988), p. 59-75.

1. Comme beaucoup de lecteurs de la Bible ignorent encore l'importance de ce matériel, ils penseront peut-être que le fait d'y attacher une telle importance a quelque chose de nouveau et qui m'est propre. Je voudrais leur dire qu'un livre aussi respectable et aussi traditionnel que celui de N. P. WILLIAMS, *The Ideas of the Fall and of Original Sin* (Londres, Longmans, 1927) consacre une place et une attention considérables à la « théorie des veilleurs » : on lit (p. 27) que c'est « la forme la plus ancienne et la moins affinée sous laquelle les doctrines de la faute et du péché originel ont acquis une large audience chez les juifs. »

Genèse c'est la femme qui la première s'entretient avec le serpent ; mais le texte ne donne guère l'impression de jeter le blâme sur la femme ni même de s'intéresser le moins du monde au degré de blâme qui s'attache à l'un ou à l'autre. Incidemment, c'est là une raison de plus pour ne pas voir dans l'origine du péché et de la culpabilité la préoccupation centrale du récit de la Genèse. Si la Genèse n'est pas plus précise à propos de culpabilité et de blâme, c'est que ce n'est pas là une préoccupation essentielle. Il n'en va plus de même dans la littérature postérieure, probablement à cause des changements culturels intervenus à la période hellénistique. Il était devenu plus important de savoir qui était à blâmer, de l'homme ou de la femme. C'est ainsi qu'au début du IIe siècle avant J.-C., Ben Sira s'attarde très longuement sur la perte du sommeil dont souffrent les pères à cause de leurs filles (le malheur de celles-ci ne le préoccupe pas le moins du monde) ; il conclut par ces mots immortels :

> car du vêtement sort la teigne
> et de la femme une malice de femme.
> Mieux vaut la malice d'un homme
> que la bonté d'une femme...
> (Sira 42, 9-14).

Et encore ceci :

> toute méchanceté sauf une méchanceté de femme
> (Sira 25, 13).

Après tout, c'était les femmes qui s'étaient mêlées aux Veilleurs, c'était par leurs unions que la méchanceté en était arrivée à régner sur la terre à la génération du Déluge. Dans le *Testament de Ruben*, le patriarche met ses fils en garde contre les femmes : « Les femmes sont mauvaises, mes enfants, et parce qu'elles n'ont pas d'autorité et de pouvoir sur l'homme, elles usent d'artifices dans leurs attitudes afin de l'attirer à elles... C'est ainsi qu'elles séduisirent les Veilleurs qui existaient avant le déluge » (*Testament de Ruben*, V, 1 et 6 : *Intertestament...*, 823-824).

Dans la même ligne s'inscrit la remarque de Paul : c'est Ève (plutôt qu'Adam) qui s'est laissé tromper par le serpent (2 Co 11, 3) ; Paul encore, ou un autre, en amplifie plus gravement la signification discriminatoire en 1 Tm 2, 14 : « Ce n'est pas Adam qui se laissa séduire, mais la femme qui, séduite, se rendit coupable de transgression. » Le récit de la Genèse place bien la femme au tout premier rang dans l'action, mais sans lui faire porter le blâme plutôt qu'à l'homme ; par comparaison, l'époque hellénistique fait preuve d'une plus sévère discrimination et s'empresse de blâmer la femme. Paul s'aligne sur cette tendance. Adam, nous le verrons, a, en dépit de ses fautes, préservé pas mal de splendeur et de gloire, et Ève pour sa part reçoit davantage de blâme.

La diversité des idées sur notre sujet.

Cette période « intertestamentaire » a vu fleurir l'intérêt porté aux questions d'immortalité et de résurrection. Comme on l'a dit, la première affirmation un peu claire d'une résurrection individuelle dans le canon de l'Ancien Testament se trouve dans Daniel, et encore s'agit-il d'une affirmation assez vague, nuancée, et en mode mineur. Et Daniel n'est qu'un texte parmi beaucoup d'autres produits à peu près à la même période : en gros, le deuxième siècle avant J.-C. Tout cela a été bien exposé par Nickelsburg, et il est inutile de revenir sur le domaine qu'il a couvert. S'il y a des textes qui s'intéressent à la résurrection du corps, il y en a d'autres, comme *IV Maccabées*, qui s'intéressent à l'immortalité de l'âme, et aucun ne donne l'impression de se sentir en contradiction avec les autres. Il y a encore des textes comme *I Énoch* 103-104 qui parlent de la résurrection future *des esprits* des justes [1]. En effet, la question n'est pas encore expressément définie de ce qui advient de l'individu *après la mort*. Comme je l'ai suggéré, une des principales sources de l'intérêt porté à la résurrection de l'homme, ce n'est pas la question de savoir ce qui se passe après la mort, résurrection ou immortalité, mais le souci de la continuité de la vie pendant longtemps, et peut-être aussi de sa qualité. Puisque Dieu est éternel, la communion avec Dieu doit être communion avec ses qualités éternelles. Sg 2, 23 interprète l'image de Dieu chez l'homme au sens précisément de la participation à son éternité. Nickelsburg a relevé que dans les manuscrits de Qumrān on célèbre très souvent les qualités « éternelles », que ce soit la vie éternelle dont doivent jouir les saints ou la souffrance et la dérision éternelles dont souffriront les malfaisants ; mais on ne dit pas grand-chose du rapport de cela avec *la mort*. Les qualités « éternelles » peuvent se gagner ou se mériter, ou être héritées par prédestination, et on peut en jouir ou en souffrir *à présent*. Tout cela représente un arrière-plan des traditions chrétiennes selon lesquelles la vie éternelle se définit par ses qualités plutôt que par sa situation temporelle, qu'il s'agisse de l'avenir ou d'après la mort. Et pourtant, entendre la vie éternelle au sens d'une qualité de vie dont on jouit ici et maintenant (comme beaucoup d'auteurs le soutiennent aujourd'hui) est une option qui comporte en elle-même des problèmes obvies. La formulation laisse souvent dans le vague et l'indécision la question de savoir si cette vie éternelle se poursuit après la mort. On peut décider de ne pas s'en soucier, et il semble que cela ait été une pratique courante. Mais si la question est posée, cela signifie probablement ou bien que cette sorte de vie éternelle cesse à la mort, quand meurt la personne

---

1. NICKELSBURG, p. 179. Il commente : « Rien ne suggère qu'ils prendront un corps, ou qu'ils le doivent faire, pour expérimenter pleinement la vie éternelle. »

humaine ; ou bien qu'en raison de cette qualité d'éternité, partagée avec Dieu, elle se poursuit après la mort — auquel cas il faut plus ou moins que cela signifie, après tout, l'immortalité de l'âme.

Dans une phrase mémorable déjà citée, Krister Stendahl écrivait que « Tout ce monde que la Bible nous transmet, Ancien et Nouveau Testament, ne s'intéresse pas à l'immortalité de l'âme ». Or, *on pourrait* peut-être le soutenir si l'on s'en tenait strictement aux livres canoniques et si l'on s'interdisait de dire quoi que ce soit du « monde » d'où ils proviennent. Mais il est absolument impossible d'affirmer cela de « tout ce monde » qui nous parvient par la Bible. Le monde du judaïsme tardif d'où est sorti le Nouveau Testament est dévoré de spéculations sur les diverses options, et l'immortalité de l'âme est un des candidats favoris. On se demande, comment, en s'exprimant ainsi, Stendahl pouvait exprimer son estime pour ce que lui avait appris le livre de Nickelsburg [1], alors que ce livre nous fournit nombre de témoignages sur ces spéculations, et notamment sur la croyance en l'immortalité de l'âme. Stendahl trahit la faiblesse de sa position quand il parle du spécialiste des études bibliques comme de quelqu'un qui « se spécialise sur soixante-six prétendus livres qui ne savent rien de l'immortalité de l'âme ». Même si cela devait être vrai des soixante-six livres, le raisonnement ne vaut que si l'on prend de façon très exclusive le canon protestant restreint. À partir du moment où l'on considère le canon plus largement, et qu'on y inclut la Sagesse et les Maccabées, le raisonnement ne vaut plus. Et puisqu'en dernier ressort le raisonnement a en vue ce que Paul a pu penser ou connaître, il est totalement invalide : car nous avons vu qu'au moins dans certains des domaines concernés les textes qui sont réellement proches de Paul se situent dans l'espace qui sépare les livres de la Bible

1. STENDAHL, *Meanings*, Introduction, p. 194.

hébraïque et les débuts du christianisme. L'importance de tout cela sera encore soulignée dans les pages qui suivent.

Le martyre.

Une des forces qui ont exacerbé ces questions, pesant lourdement dans la balance en faveur de l'immortalité de l'âme, est la question du *martyre*. Le martyre religieux, tel qu'il apparaît à l'époque des Maccabées, a quelque chose de neuf dans l'histoire du monde. Il y a toujours eu des assassinats et des massacres d'ennemis, d'étrangers, ou de gens qui étaient détestés pour d'autres raisons ; mais l'époque des Maccabées a peut-être ceci de nouveau que la force physique et la torture étaient utilisées *précisément pour contraindre à se conformer* à un ordre religieux et idéologique. On pouvait se soustraire à ces épouvantables souffrances en prononçant certaines formules simples ou en pratiquant certains actes simples. Si l'on ne se conformait pas à ces exigences, le corps était affreusement torturé et finalement détruit.

En pareille situation, il servait de peu de parler de la conception hébraïque de la totalité de la personne ou du refus d'admettre toute division entre le corps et l'âme. Il est hautement vraisemblable que le vocabulaire nécessaire pour dire la distinction entre le corps et l'âme, ou le corps et l'esprit, existait dès cette époque en araméen ou en hébreu. Le corps pouvait être physiquement broyé et détruit par l'oppresseur. Une future résurrection pouvait d'ailleurs promettre la restauration de ce corps. Mais d'un autre côté, l'une des toutes premières consolations pour le persécuté était qu'en dépit de la mise en pièces de son corps il ou elle avait gardé obstinément les fidélités religieuses *de son âme* : et ce fait précisément rendait plus significatif et plus sûr l'espérance d'une résurrection future. En endurant la souffrance on peut manifester sa maîtrise sur la chair et les passions du corps, maîtrise qui est en elle-même une vertu, comme le montre bien *IV Maccabées*.

Inversement, du fait de l'immortalité de l'âme il était d'autant plus essentiel au persécuté de demeurer inébranlable : car si l'on y pensait, on ne pouvait guère se réconforter à l'idée que, quand la mort arriverait enfin, tout serait fini et oublié. En effet, même après la mort, l'âme qui aurait survécu aurait encore à payer de nouvelles souffrances si elle n'avait pas su résister auparavant aux souffrances du corps. Inversement, les persécuteurs s'apercevraient en temps voulu que *leurs* propres corps, aujourd'hui si robustes, seraient détruits, mais qu'eux à leur tour, dans leur âme ou dans leur corps, devraient entrer dans d'immenses souffrances semblables à celles endurées par les martyrs. Davantage encore, l'argument de l'immortalité avait cette force particulière qu'elle prenait effet *immédiatement*. Sans doute la résurrection viendrait-elle à son heure, mais il faudrait attendre, car il ne faisait pas de doute qu'à court terme les morts étaient physiquement morts. Si une vie juste et le témoignage du martyre devaient obtenir une récompense, l'immortalité proposait un chemin pour y accéder immédiatement. Dès lors, dans cette situation, l'immortalité de l'âme et la résurrection du corps œuvraient ensemble. Et l'on peut ajouter que cela ressemble fort à la façon dont la symbiose de ces deux concepts a opéré dans le christianisme traditionnel.

La Sagesse de Salomon.

La Sagesse de Salomon a regroupé nombre de ces divers éléments. Dans un cadre de référence essentiellement juif, ce livre adopte indubitablement certaines idées dérivées de la philosophie grecque. Comme beaucoup d'autres ouvrages juifs semblables, les systèmes d'argumentation sur lesquels les auteurs hellénistiques fondaient ces idées n'y étaient pas nécessairement acceptés, peut-être même pas nécessairement connus. D'autre part, nous avons déjà vu quel rôle central ce livre joue pour rattacher aux anciennes traditions hébraïques la pensée de saint Paul et ses interprétations. Le thème de l'immortalité est ici particulièrement important. L'homme a été créé, nous l'avons vu, avec ou pour l'immortalité, et c'est par la jalousie du diable que la mort est entrée dans le monde. La rectitude est immortelle (1, 15). La Sagesse est source et fontaine d'immortalité, elle la rend accessible à tous. Et surtout, dans le domaine le plus important pour notre sujet, la Sagesse opte de manière décisive pour l'immortalité de l'âme, sans pour autant mettre nécessairement en cause une future résurrection du corps. Au chapitre 3, l'auteur polémique contre la tradition de scepticisme qui soulignait comment le nom tombait dans l'oubli. Il fait remarquer que, si cette tradition est juste, « il n'y a pas de retour après notre mort » (2, 5) et que, en conséquence, il n'y a pas de sanctions morales et qu'on reste avec l'impression qu'on peut aussi bien agir de manière injuste et violente. Mais, conclut-il, tout ceci n'est que malice, car « on ne discerne pas l'honneur rendu aux âmes sans reproche » *houde ekrinan geras psuchôn amômôn* (2, 22). L'espérance de l'impie est comme paille emportée par le vent (5, 14), mais « le juste vit pour toujours, et sa récompense est auprès du Seigneur » (5, 15). L'opposition entre le corps et l'âme, qui est en telle abomination dans la théologie moderne, est ici clairement adoptée, avec l'idée que le corps, périssable qu'il est, est ce qui fait du tort au pouvoir humain de raisonnement :

> Car les pensées des mortels sont timides,
> et instables nos réflexions ;
> un corps corruptible en effet appesantit l'âme
> et cette tente d'argile alourdit l'esprit aux multiples soucis
> (Sg 9, 14-15, BJ).

Située à la fin de la tradition sapientielle vétérotestamentaire et constituant un lien des plus importants avec la théologie paulinienne, le livre de la Sagesse regroupe ainsi des thèmes hérités des plus anciens stades de la Bible hébraïque et embrasse certains thèmes de la philosophie grecque pour les unir tous par sa force unificatrice et fournir une synthèse et une réponse.

Les âmes des justes sont dans la main de Dieu
et nul tourment ne les atteindra. Aux yeux des insensés *ils ont paru mourir*,
leur départ a été tenu pour un malheur...
mais eux sont en paix.
S'ils ont aux yeux des hommes subi des châtiments,
leur espérance était pleine d'immortalité.
(Sg 3, 1-4, BJ).

Certes, il s'agit sans nul doute d'une dangereuse innovation [1], mais il est possible d'imaginer un scénario selon lequel l'immortalité de l'âme était une option admise dans la pensée juive, antérieurement à la formulation de la résurrection du corps, pour laquelle elle servit de catalyseur. Après tout, les formulations formelles de la résurrection sont étonnamment tardives : les sadducéens la niaient, nous dit-on, et la résurrection n'était pas encore une opinion universellement admise quand saint Paul fut en mesure d'en tirer parti en les lançant dans une querelle avec les pharisiens (Ac 23, 6-8). L'immortalité de l'âme était sûrement déjà connue dans le monde juif avant que Dn 12 ait donné, et de manière très vague, ce qu'on suppose être la première formulation de la résurrection corporelle dans les Écritures canoniques. Si l'on admet que l'immortalité de l'âme était déjà chose connue au temps des persécutions,

1. J'ai plaisir à trouver une opinion similaire chez KELLERMANN, « Überwindung », si je le comprends bien. Voir sa conclusion, p. 281-282.

au début du IIe siècle avant J.-C., on peut facilement imaginer l'idée qu'on s'en faisait : Oui, mon âme survivra après la mort, mais qu'en sera-t-il de mon corps brisé par la violence ? S'il n'est pas remis en état, mes persécuteurs n'auront-ils pas gagné ? Ne serait-ce pas pour moi une juste récompense que mon corps détruit soit guéri et rejoigne mon esprit éternel ? — Oui certes, la résurrection à venir fera exactement cela. En d'autres termes, la conviction de l'immortalité aurait pu conduire à la nécessité de la résurrection. Il n'est peut-être pas possible de faire la preuve que pareil raisonnement fut tenu, mais quelque chose de cette sorte demeure possible et permettrait de répondre à certaines des difficultés.

Conclusion.

Je ne pense pas avoir, dans ce chapitre, prouvé l'immortalité de l'âme : ce n'était pas mon intention. Pas plus que d'affirmer que croire en l'immortalité de l'âme est une bonne ou une mauvaise chose. Ce que je crois avoir montré, c'est que dans la Bible hébraïque pour une bonne part la mort, pour peu qu'elle vienne à son heure et dans de bonnes conditions, était chose naturelle et convenable aux yeux de Dieu ; qu'il y a dans l'Ancien Testament des idées et des aspects à partir desquels l'idée de l'immortalité de l'âme a pu se développer naturellement et facilement ; et que le monde qui a servi de référence pour une bonne part au Nouveau Testament était un monde dans lequel cette croyance en l'immortalité était vivement et fortement représentée.

III

SAVOIR, SEXUALITÉ, IMMORTALITÉ

Dans le premier chapitre, j'ai esquissé à grands traits ma position à propos du récit d'Adam et Ève ; j'ai avancé que le thème central de ce récit n'était pas l'origine du péché ou du mal, non plus que l'entrée de la mort dans un monde qui ne la connaissait pas ; mais qu'il s'agissait bien d'une chance perdue de s'emparer de l'immortalité, chance que l'humanité aurait pu saisir. Mais je ne suis pas entré dans tous les détails du récit, certains aspects en restent à préciser, dont le plus important est la question de l'arbre de vie.

Or il faut admettre que le rôle de l'arbre de vie dans le récit de la Genèse comporte des difficultés et d'apparentes contradictions. Quel rapport y a-t-il entre les deux arbres, l'arbre de la connaissance et l'arbre de la vie ? Sur ce point, le texte nous laisse dans l'embarras. En Gn 2, 9, il nous dit que Dieu fit pousser des arbres de toutes sortes « et l'arbre de vie au milieu du jardin et l'arbre de la connaissance du bien et du mal [1] ». Mais au verset 17 le seul arbre interdit est

1. L'ordre des mots est ici important car il peut être l'indice d'une possible combinaison de deux éléments. Ce que voilent les traductions harmonisantes

l'arbre de la connaissance du bien et du mal, et rien n'est dit de l'arbre de vie. En Gn 3, 3, quand la femme explique au serpent quel est l'arbre défendu, elle le décrit comme « l'arbre qui se trouve au milieu du jardin », et c'est le seul arbre défendu. Or il suit naturellement de ce que dit le serpent qu'il s'agit de l'arbre de la connaissance du bien et du mal. Cela découle aussi des paroles de Dieu en Gn 3, 22 où l'on reconnaît que l'homme « est devenu comme l'un d'entre nous, connaissant le bien et le mal ». L'important à présent est qu'il ne mange pas de l'arbre de vie, qui n'a plus été mentionné depuis 2, 9. Mais pourquoi l'arbre de vie n'a-t-il pas été interdit tout comme l'arbre de la connaissance ? Quelle était sa position par rapport à ce dernier ? Les humains ne se nourrissaient-ils pas déjà de son fruit ? et sinon, pourquoi ? Autant de points qui demeurent obscurs.

Toutefois, une de ces questions peut recevoir promptement une réponse et c'est un point de repère dans notre discussion. Commençons par reconnaître que la phrase de Gn 3, 22 b : « et maintenant, qu'il ne tende pas la main pour prendre aussi de l'arbre de vie, en mange et vive pour toujours », doit impliquer que jusqu'alors nul n'avait mangé du fruit de l'arbre de vie. Je ne pense pas qu'en hébreu le sens normal puisse être : « qu'il ne continue pas à manger de l'arbre de vie, comme il l'a toujours fait jusqu'ici [1] ». En d'autres termes, la phrase qui indique le motif pour lequel l'homme est expulsé du jardin

---

comme celle de la Bible en français courant : « Il mit au centre du jardin l'arbre de vie et l'arbre qui donne la connaissance de ce qui est bien ou mal. »

1. L'opinion contraire a été soutenue par un ou deux savants ; mais voir l'exposé classique de Paul HUMBERT, *Études sur le récit du paradis et de la chute dans la Genèse* (Neuchâtel, 1940), p. 131 s. Comme HUMBERT, j'ai revu les cent trente et un cas de l'hébreu *pen* « de peur que » dans la Bible et j'ai constaté qu'aucun d'eux ne signifie « de peur que quelqu'un continue à faire ce qu'il est déjà en train de faire ». En outre, l'expression « étendre la main et faire quelque chose » est une expression inchoative et ne peut guère signifier « continuer à faire ce qu'on n'avait cessé de faire ».

exclut l'idée qu'il aurait depuis le début mangé de l'arbre de vie. L'éventualité de voir le couple humain manger de l'arbre de vie est quelque chose de nouveau et la menace d'un changement radical de situation au bénéfice des humains. Il faut l'admettre, rien n'indique pourquoi ils n'avaient pas encore mangé de cet arbre ; ni pourquoi défense ne leur avait pas été faite d'en manger, comme c'était le cas pour l'autre arbre ; ni non plus quel rapport il y avait entre l'arbre de vie et celui de la connaissance. On peut cependant proposer pour certaines de ces questions une réponse sur laquelle s'accordent nombre de spécialistes.

On peut penser en effet que, dans ses stades les plus anciens et comme le montre sa structure, le récit principal ne concernait qu'un seul arbre. L'arbre de vie n'est mentionné qu'en marge : d'abord lors de la plantation du jardin, et ensuite à la fin du récit, lorsque le couple humain est sur le point d'en être chassé. À voir les choses ainsi, l'arbre de vie appartenait primitivement à un thème et un récit différents. Ce qui explique pourquoi le récit tel que nous l'avons ne dit rien des *rapports* entre les deux arbres, rien de la place de l'arbre de vie par rapport à l'autre, et rien sur une éventuelle défense de s'approcher de l'arbre de vie. Le récit primitif parlait d'un seul arbre, « l'arbre » : un arbre qui n'avait, je pense, ni nom ni désignation spécifique et qui en vint à s'appeler « l'arbre de la connaissance du bien et du mal » en raison de son rôle dans le développement du récit. C'est quand on a ajouté l'autre arbre et après qu'on l'eut nommé expressément « l'arbre de vie » (parce que c'était son rôle essentiel), que « l'arbre » primitif (dépourvu de nom) reçut lui aussi une désignation, celle de « l'arbre de la connaissance du bien et du mal ».

Si l'on en croit cette explication, à un stade antérieur le récit concernait donc « l'arbre », le seul arbre interdit. La femme et l'homme désobéissent à cette défense et sont punis par l'expulsion du jardin, non parce qu'ils pourraient avoir accès à l'arbre de vie (qui, à ce stade, n'est pas là !), mais simplement en punition, par dépossession. Ils avaient été placés dans un délicieux jardin, maintenant ils en sont chassés. Ils n'ont pas agi comme Dieu le voulait, et donc il les met dehors. C'est ce qu'exprime 3, 23 : il renvoya l'homme du jardin d'Éden, pour cultiver le sol d'où il avait été pris (*i.e.* pour réaliser le châtiment indiqué aux v. 17-19). Telle était la fin du récit ; à ce stade, il n'était pas question de l'arbre de vie, car les versets 22, 24 font partie d'une autre histoire et ont été ajoutés plus tard.

Il est possible que cette explication soit la bonne, historiquement ; le récit peut fort bien s'être développé de la sorte et cette interprétation s'accorde avec maints détails. À les prendre ainsi, les choses sont plus simples. Mais si l'on s'en tient là, le thème de l'arbre de vie se trouve complètement marginalisé. Même si le récit s'est développé de la manière suggérée, l'importance de l'arbre de vie n'en demeure pas moins évidente dans le récit tel que nous le connaissons. Même si ce thème provient d'un autre récit ou d'une autre légende, il faut bien que la personne (ou la tradition) qui l'aura introduit ici lui ait attribué de l'importance ! Cette personne (ou cette tradition) ne s'est pas contentée de l'insérer dans le récit : elle en a fait le seul motif explicite de l'expulsion du jardin. C'est pourquoi, même si l'inclusion de l'arbre de vie a introduit un certain nombre d'incohérences et de discordances, elle demeure très importante en ce qu'elle modifie substantiellement la direction générale du récit.

J'aborde donc les choses de façon à garder toute sa valeur à cet élément du récit qu'est l'arbre de vie, si important dans notre texte. Ce faisant, nous adoptons, comme on le fait volontiers de nos jours, une perspective « canonique », qui donne au « texte final » toute sa valeur. D'un autre côté, j'estime que l'approche du texte « en son état final » ne contredit nullement l'attention portée aux stades antérieurs d'où provient le texte final : elle requiert positivement cette recherche et en bénéficie. En tout cas, il vaut la peine de noter qu'ici précisément, l'approche canonique, qui se concentre sur le texte en son état final, aboutit à une interprétation plus surprenante et moins traditionnelle que ce qu'on en attendrait généralement.

On peut encore présenter les choses ainsi : même s'il a existé un récit indépendant concernant un arbre unique (l'arbre de la connaissance), il ne pouvait guère y être question d'un couple humain immortel avant sa désobéissance et réduit ensuite seulement à la condition mortelle. Il s'agissait au contraire de mortels qui, après avoir été placés dans l'agrément du jardin, connaissaient à présent des conditions de vie misérables. Ainsi peut-on comprendre comment un tel récit a pu être mêlé avec un autre qui parlait d'un arbre de vie susceptible de procurer l'immortalité, ce qui fut d'ailleurs bien près de se produire.

Disons encore les choses autrement. Peut-être y eut-il d'abord deux récits qui ont fini par être combinés : l'un qui concernait un arbre unique dont il était interdit de manger ; mais le fait d'en avoir mangé eut pour conséquence, en même temps que la connaissance du bien et du mal, l'expulsion du jardin ; l'autre qui concernait, lui, l'arbre de vie : ce dernier devait se trouver normalement hors de portée, mais à cette occasion l'homme se trouva pratiquement y avoir accès — néanmoins il manqua sa chance d'y goûter. Les deux récits sont maintenant mêlés d'une manière assez obscure et embrouillée. Mais le fait qu'ils aient été mêlés comporte certainement un sens et un message, pour mal ajusté que le résultat du mélange puisse être à certains endroits. Dans le récit que nous connaissons, l'arbre de vie est d'abord tout proche ; à la fin, il constitue le motif, sinon unique, du moins le plus important, de l'expulsion. Le récit sous sa forme la plus ancienne ne comportait peut-être aucune allusion à l'arbre de vie, mais la personne (ou la tradition) qui a introduit ce dernier motif avait un but ; elle devait bien savoir qu'en introduisant cet élément elle altérait substantiellement le sens du récit, en créait un nouveau dont le propos d'ensemble était très différent. Il me paraît donc impossible de ne pas inclure dans mon exposé les traditions relatives à l'arbre de vie.

Le récit même du jardin d'Éden indique clairement l'existence d'un rapport entre la connaissance et l'immortalité, car les deux arbres qui sont au centre de l'action sont l'arbre de la connaissance et l'arbre de vie. Nul doute qu'ils ne soient pas identiques : leurs noms mêmes et leurs rôles dans le récit les distinguent expressément. Pourtant, en dépit de leurs différences, il est bien probable qu'ils ont quelque chose en commun. En effet, tous deux sont, du moins à quelque degré, des attributs ou prérogatives de Dieu. « Vous serez comme des dieux, connaissant le bien et le mal », dit le serpent, et Dieu admet lui-même le bien-fondé de cette prédiction : « Voici que l'homme est devenu comme l'un de nous, connaissant le bien et le mal » (Gn 3, 22). Si l'humanité s'est approchée à ce point de la divinité, il ne s'en fallait plus que d'un pas pour qu'elle prenne aussi sa part de l'arbre de vie ; cela sous-entend que, si l'immortalité s'ajoute à la connaissance, la proximité de l'humanité par rapport au statut de la divinité va devenir intolérable. C'est pourquoi, dans cctte éventualité, l'humanité conserve la connaissance mais l'immortalité lui est déniée. L'homme s'est approché tout près de Dieu sous un aspect, mais non sous l'autre.

Le rapport entre l'arbre de vie et la sagesse et la connaissance est confirmé par le fait qu'ailleurs dans l'Ancien Testament, on ne retrouve l'expression « l'arbre de vie » que dans un livre de « sagesse », le livre des Proverbes. « Le fruit du juste est un arbre de vie » (Pr 11, 30) ; mais surtout, la sagesse elle-même est un arbre de vie : « elle est un arbre de vie pour qui la saisit » (3, 18) ; voir aussi 13, 12 où le désir satisfait est un arbre de vie, et 15,4 où la langue apaisante est un arbre de vie. Ces emplois nous indiquent quelque chose de ce que suggère en Israël l'expression « arbre de vie ». Il est d'ailleurs hors de doute que l'idée d'un tel arbre est en Israël héritée de mythologies ou de folklores beaucoup plus anciens : l'exemple le meilleur et le plus pertinent est celui de la plante de vie dans l'épopée de Gilgamesh [1]. Si dans ses origines lointaines et encore dans la Genèse l'arbre de vie est avant tout le symbole de la vie éternelle, en Israël c'est devenu aussi un symbole central des façons « sages » et prudentes dont il convient de vivre.

Il faut s'interroger maintenant sur l'expression « le bien et le mal ». L'arbre de la connaissance est caractérisé à plusieurs reprises de cette façon, comme l'arbre de la connaissance du bien et du mal, et il ressort clairement non seulement de ce que dit le serpent avant mais aussi de ce que dit la divinité après coup (Gn 3, 22) que le bien et le mal sont le produit de son fruit. Mais qu'entend-on dans ce contexte par « le bien et le mal » ? On a avancé, pour ces mots apparemment simples, une surprenante variété d'explications : nous ne pouvons nous laisser distraire ici par la discussion détaillée de chacune de ces explications avec ses qualités et ses défauts [2]. Il faut cependant en mentionner quelques-unes car elles touchent à d'autres points que nous aurons à examiner. L'une d'elles, celle de Westermann, qui est probablement bien connue, insiste sur la nature *fonctionnelle* de « bon et mauvais ». Ce que le fruit de l'arbre communique, ce ne sont pas les grands principes de la morale mais le savoir de ce qui est utile ou nuisible, des choses pratiques, comme de savoir choisir ce qui est bon à manger plutôt que ce qui est mauvais, la bonne façon de transporter de l'eau plutôt que la mauvaise. Cherchant dans une autre direction, certains ont souligné dans ce « bon et mauvais » le caractère sexuel ; il s'agirait de la conscience sexuelle : « procréer et faire jaillir la vie est un art divin » (Gressmann). Barzillai le Galaadite de 2 S 19, 35 s. fournit

---

1. Voir la discussion récente dans C. WESTERMANN, *Genesis 1-11* (Minneapolis Augsburg Publishing House et Londres, SPCK, 1984), p. 213 s.
2. Voir l'exposé dans WESTERMANN, p. 242-245.

un bon exemple de cette façon de voir : c'est un vieillard qui vient à la rencontre de David après la révolte d'Absalom ; il emploie la même expression : « J'ai maintenant quatre-vingts ans ; puis-je distinguer ce qui est bon et ce qui est mauvais [RSV : ce qui est agréable et ce qui ne l'est pas] ? Ton serviteur peut-il trouver du goût à ce qu'il mange ou à ce qu'il boit ? Puis-je encore entendre la voix des chanteurs et des chanteuses ? » — en d'autres termes, à cet âge avancé il a perdu le sens du plaisir, qu'il s'agisse de sexe, de nourriture et de boisson, ou de musique. Si l'interprétation sexuelle est une interprétation bien étroite, on a aussi l'interprétation opposée, hautement généralisatrice : « bien et mal » serait alors une expression toute faite, comme, en français, « le vert et le sec », « la mer et les poissons », autrement dit : vous saurez tout. Ainsi pour von Rad, « la connaissance du bien et du mal signifie la connaissance de toutes choses au sens le plus large du mot ».

Ce ne sont là que quelques-unes des explications les plus courantes chez les spécialistes. Je dois dire que, pour ma part, je n'en trouve aucune très satisfaisante, pour différentes raisons qui vont s'éclairer au fur et à mesure que nous aborderons d'autres aspects du récit. Il me semble très probable que ce qui est signifié là, c'est le pouvoir de discernement rationnel et plus spécialement moral. C'est là quelque chose qui appartient par excellence à la divinité, et en particulier en Israël. Avant la désobéissance, l'homme n'avait pas besoin de cette faculté. La désobéissance la lui donne, mais avec elle la perception de ses faiblesses et de ses limites. Je ne vois pas bien pourquoi la connaissance « fonctionnelle » de ce qui est utile ou nuisible, pour importante qu'elle soit, devrait être considérée comme rendant l'être humain « comme Dieu » ; et la même objection s'applique à l'explication sexuelle. Dire qu'il s'agit de « tout connaître » c'est, me semble-t-il, renoncer à expliquer : je ne vois pas comment Adam et Ève, à ce moment de leur carrière, pas plus qu'à aucun autre, auraient tout connu. Parmi les divers passages bibliques à utiliser l'expression *tov wera'*, certains ne me paraissent pouvoir être retenus comme des parallèles qu'au prix de raisonnements sémantiques fallacieux ; celui qui me paraît le plus proche est 2 S 14, 17, où la femme de Tékoa, à coup sûr une femme « sage » dans l'acception de cette époque, dit à David : « monseigneur le roi est comme l'ange du Seigneur pour discerner le bien et le mal » (plus littéralement : *lishema' hatov wehara'* pour entendre, pour percevoir en écoutant [la différence entre] le bien et le mal).

L'essentiel c'est de connaître la différence. Et la question de la nudité du couple humain [1], que le texte met à coup sûr en haut relief, est liée à cela. Que signifie l'insistance sur ce point ? Avant la désobéissance, ils étaient nus et « ils n'en avaient pas honte » comme le disent les traductions traditionnelles. Quel arrière-plan culturel là-derrière ? Dans la civilisation hébraïque, le vêtement est essentiel à la normalité. Au début, les premiers êtres humains étaient nus sans en être troublés ou embarrassés ; ils étaient comme les animaux (car il faut se rappeler qu'Adam était avec les animaux, qu'il était familier avec eux et leur donnait leurs noms). Ève fut créée comme une sorte de superanimal, parce que les animaux existants ne satisfaisaient pas les besoins d'Adam. Nulle conscience d'une distinction n'était nécessaire, personne n'y faisait attention. C'est « la connaissance » qui apporta la discrimination. Les choses se différenciaient en diverses catégories. L'homme était différent de l'animal et il y avait des barrières entre les catégories à l'intérieur du monde animal, comme à l'intérieur de l'humanité.

Une bonne partie de la tradition chrétienne a vu dans ce récit celui d'une grave révolte contre Dieu, un péché dont la conscience devait évidemment se sentir coupable ; pour elle, cette prise de conscience de la nudité était donc une mani-

1. On l'a déjà mentionné rapidement au chap. I, p. 29.

festation de culpabilité exprimée par la honte. On a honte du mal qu'on a fait, et cette honte du mal commis est exprimée par le sentiment d'être nu. Mais ce n'est pas le sens de l'hébreu. *Hitboshesh*, traduit conventionnellement par « avoir honte », signifie souvent plutôt « être embarrassé », « être gêné », « avoir l'impression d'avoir été trompé », « être déçu ». Adam et Ève se sont cachés dans les fourrés parce qu'ils étaient gênés d'être nus ; ils ne voulaient pas être vus ainsi par Dieu (ni par personne) ; c'est cela qui les motivait et non la honte d'avoir fait le mal. Ce n'était pas la honte causée par une mauvaise action, mais une question de convenances. Il est vrai que des termes qui peuvent signifier aussi « couvrir » se retrouvent dans le vocabulaire de l'expiation pour le péché, mais ces termes, même s'ils signifient bien « couvrir », ne sont pas employés pour des vêtements, ce qui est ici le point important. La civilisation hébraïque reposait sur la normalité du vêtement. « Le vêtement, en tant qu'il fait partie de cette vie, appartient à l'existence humaine dans ce monde où l'on vit [1]. » L'interdiction stricte de « découvrir la nudité » d'autres membres du groupe familial était connue. La nudité était possible, mais seulement dans des conditions particulières, si elle ne risquait pas de violer gravement les convenances. Elle pouvait aller de soi entre gens mariés et il n'y avait rien là-contre, mais il est intéressant de noter qu'on ne trouve nulle part de célébration explicite de la nudité considérée comme une source de plaisir : même le Cantique des Cantiques, qui célèbre abondamment la beauté physique, marque une certaine réserve et une tendance à s'en tenir à la métaphore. Dans les autres relations familiales, la nudité était strictement interdite, avec une sévérité qui prouve simplement à quel point cet interdit était nécessaire. Les rares transgressions de cette règle, comme dans le cas de Noé et celui de Lot (Gn 9, 20 s. ; 19, 30 s.), ne font que souligner la chose étant

---

1. WESTERMANN, p. 270.

donné l'importance des personnes impliquées. Nous pouvons tenir pour certain que les prostituées restaient habillées : nous le savons par l'histoire de Tamar en Gn 38 : « elle retira ses habits de veuve, se couvrit d'un voile » de telle sorte que Juda, son beau-père, voyant qu'elle s'était voilé le visage, jugea qu'il s'agissait clairement d'une prostituée ; c'est donc ce qui explique qu'il ne la reconnut pas et n'avait aucune idée de qui elle était — sinon bien plus tard.

Certaines circonstances exceptionnelles rendaient la nudité parfaitement convenable, mais ces circonstances étaient rares. L'une d'elles est liée à la prophétie, bien connue pour se prêter à des conduites excentriques. On dit qu'Isaïe lui-même s'est promené nu et pieds nus pendant trois ans, en signe prophétique (Is 20). De même, aux tout premiers temps de l'activité prophétique en Israël, à l'époque de Samuel et de Saül, les manifestations prophétiques comportaient des expériences extatiques avec musique, danse et transes, où l'on gisait nu sur le sol. Saül envoya des gens coup sur coup pour s'emparer de David quand il se trouvait avec Samuel et d'autres prophètes, et tous les envoyés furent gagnés à leur tour par l'esprit prophétique ; finalement Saül vint en personne, fut lui aussi saisi par l'esprit, se dépouilla de ses vêtements et demeura gisant là, nu, pendant vingt-quatre heures (1 S 19, 24). Rien d'étonnant à ce qu'on demandât : « Saül est-il donc aussi parmi les prophètes ? » Mais à l'exception de ces occasions particulières, la nudité était un sujet de profond embarras et de disgrâce. À un moment crucial de sa vie, David avait envoyé une ambassade à Hanoun, roi des Ammonites ; le roi se saisit des ambassadeurs, leur fit raser la moitié de la barbe, couper leurs vêtements aux hanches, mettant à nu leurs parties sexuelles, et les renvoya ainsi. Ces hommes furent profondément humiliés, *nikelamim me'od*, un mot différent de celui que nous avons dans la Genèse mais exprimant plus ou moins la même idée (2 S 10, 5). Ce fut l'un des traits de génie de David de se rendre personnellement à la rencontre de ses hommes alors qu'ils étaient ainsi disgraciés. Il ne s'agissait pas de culpabilité morale, mais d'une disgrâce due à une énorme infraction aux convenances. David lui-même connut quelques problèmes quand il dansa devant l'arche qu'on apportait à Jérusalem (2 S 6) ; sa femme Michal, fille de Saül, désapprouva l'inconvenance de sa tenue : peut-être peut-on supposer que David estimait prendre part à cette catégorie particulière d'expérience prophétique que je viens de mentionner. En tout cas, Michal exprimait probablement la réaction normale dans sa propre civilisation comme dans l'ensemble de l'Ancien Testament.

Si je ne me trompe, cela confirme que la question de la nudité et de la « honte » n'est pas essentiellement une question de honte pour un péché commis. Certes, il y a eu désobéissance, et le couple humain savait parfaitement que Dieu serait irrité, et il le fut ; la crainte de la colère divine et le sentiment de la nudité se renforçaient réciproquement. Mais c'est la conscience de la nudité qu'on peut tenir pour le résultat de la nouvelle condition humaine. Ce n'était pas essentiellement le sentiment d'avoir désobéi à Dieu, mais plutôt la conscience naissante de limites à ne pas franchir, de règles à observer, et en ce sens le discernement du « bien et du mal ». Ce fut aussi certainement la naissance d'un certain embarras comme Dieu le souligne, comment autrement Adam et Ève pouvaient-ils savoir qu'ils étaient nus ? Si je ne me trompe, cette façon d'entendre la question de la nudité confirme l'explication que j'ai donnée de la connaissance du « bien et du mal ».

Cela nous amène à un autre aspect, plus incertain mais non moins fascinant : la question de la relation primitive entre Ève et le serpent. La clef en réside dans le nom même d'Ève. La Genèse en fournit une étymologie populaire, comme pour beaucoup d'autres noms : « l'homme donna à sa femme le nom d'Ève, parce qu'elle fut la mère de tous les vivants » (Gn 3, 20). C'est là établir un rapport évident avec le lexème courant *ḥaya*, « vivre, vie ». Mais il est clair que les explications étymologiques des noms bibliques sont le plus souvent erronées [1]. Certes, les noms hébreux réellement en usage étaient, pour beaucoup ou pour la plupart, sémantiquement transparents et avaient un sens ; mais la plupart de ceux qui avaient cette transparence ne sont pas expliqués dans le texte biblique, et ceux pour lesquels une explication y est fournie sont le plus souvent ceux dont la signification était inconnue. Les explications données sont donc des étymologies populaires fondées sur quelque association avec des mots ou des aspects du texte dans lequel ils apparaissent. En ce qui concerne Ève, il y a longtemps qu'on a suggéré, sans jamais en apporter clairement la preuve, que le nom Ève était apparenté à l'araméen *ḥwyh* et à des mots arabes apparentés, qui signifient « serpent » ; l'ancêtre mythologique d'Ève serait quelque « déesse serpent », qui était, peut-être, la déesse de la vie [2]. On n'en a jamais donné la preuve, et ce n'est peut-être pas possible. Pourtant, cette idée est très attirante, car elle va bien avec certains éléments de notre récit qui autrement seraient étranges. Après tout, pourquoi un serpent ? Et pourquoi, au moment crucial de la décision de manger du fruit de cet arbre, tout vient de la femme, tandis que l'homme ne dit rien, ne fait rien, sinon prendre le fruit et le manger après elle ? Certes, dans le récit tel que nous l'avons, Ève est incontestablement une femme, mais le récit se comprend mieux dans ses proportions et sa structure si, dans un stade antérieur, elle était plus que cela. Ne fut-elle pas autrefois une déesse-serpent de la connaissance et de la sagesse qui aura tenté le premier homme en lui faisant remarquer les excellentes qualités du fruit de l'arbre

---

1. Voir James BARR, « The Symbolism of Names in the Old Testament », *Bulletin of the John Rylands Library*, 52, 1969-1970, 11-30.

2. Voir WESTERMANN, p. 268 s. Par bonheur, cette suggestion avait déjà été imaginée et expérimentée auparavant par des rabbins. Si ce n'avait pas été le cas, les savants modernes, comme WELLHAUSEN, qui l'ont adoptée se seraient vus traiter d'« historicistes » pour l'avoir imaginée.

défendu ? Bien que plus tard elle soit devenue la femelle humaine, un tel arrière-plan pourrait expliquer pourquoi la femme occupe ainsi le premier rôle.

L'aspect de la sexualité a son revers. Comme je l'ai déjà mentionné, certains ont vu dans le déroulement de cette histoire l'acquisition de la conscience de la sexualité [1]. L'éveil du sens de la sexualité, la conscience de la différence entre les sexes, etc., autant d'explications soutenues par des savants comme Gressmann, H. Schmidt, Gunkel. Je dois bien l'avouer, je suis d'un avis contraire. Toutefois, la question repose sur plusieurs points que le texte n'explicite pas absolument et qui dépendent de notre appréciation de probabilités culturelles.

Deux points majeurs restent non explicités dans le texte : a. combien de temps Adam et Ève ont-ils passé dans le jardin d'Éden avant la désobéissance ? et b. ont-ils ou non eu des relations sexuelles durant ce temps ? Les deux questions sont liées. La question de la durée affecte la question sexuelle. Combien de temps ont-ils passé dans le jardin avant que le serpent vienne engager avec Ève la conversation fatidique ? Une demi-heure [2] ? Un jour ? Une semaine ? Un an ou deux ? Beaucoup plus longtemps encore (d'après les *Jubilés* 3, 17, ils ont passé plus de sept ans dans le jardin avant que le serpent se manifeste) ? Il semble que beaucoup de choses en dépendent. Car s'ils y sont restés un an ou deux et qu'ils ont eu des rapports pendant ce temps, on s'attendrait à ce qu'Ève la féconde ait eu son premier enfant. Or il n'est pas question d'un enfant avant l'expulsion. La première relation sexuelle

1. WESTERMANN, p. 243.

2. Nombre de traditions n'ont accordé que six heures pour le temps passé dans le jardin d'Éden ; voir J. G. TURNER, *One Flesh : Paradisal Marriage and Sexual Relations in the Age of Milton* (Oxford, Clarendon Press, 1987), p. 19. Pour saint Augustin, la désobéissance eut lieu « dès que la femme eut été créée », en sorte qu'ils n'eurent pas le temps de faire l'amour : TURNER, p. 29. Pour MILTON, « le premier couple passa des semaines au paradis, se livrant pleinement aux rapports sexuels sans grossesses », TURNER, p. 30.

réellement rapportée se place après l'expulsion : nous apprenons qu'Adam « connut » sa femme et qu'elle mit au monde ses enfants, Caïn et Abel. Bien entendu, du point de vue de la critique moderne, on peut dire que c'est une autre histoire, et c'est vrai ; mais même si nous n'en tenons pas compte, si nous insistons pour recevoir le texte tel quel, il ne suppose pas clairement qu'ils n'aient pas eu de relations sexuelles auparavant.

À mon sens, il est beaucoup plus naturel de penser que le couple humain a bien eu des rapports sexuels dans le jardin d'Éden. La désobéissance n'a pas eu pour effet de leur faire prendre conscience de leur sexualité, mais au contraire de leur faire prendre conscience des aspects négatifs et restrictifs qui allaient désormais l'accompagner. Nous avons ici la même question de postulats de civilisation que nous avons rencontrée dans le cas de la mort : tout comme le postulat naturel était que les êtres humains sont mortels dès leur naissance, de même ici le postulat naturel était que leur sexualité est consciente et active. Le fait qu'ils « étaient nus sans en être gênés » s'accorde parfaitement avec cela. Il en allait comme dans le monde animal : le sexe était chose évidente et immédiate, et ils ne s'en souciaient pas le moins du monde. Tout se passait comme dans le monde sexuel idéal qu'on perçoit dans le Cantique des Cantiques, mais qui se réalise rarement dans la pratique. Admettre la sexualité est chose normale dans la civilisation hébraïque, et c'est seulement des profondes frustrations sexuelles du christianisme que pouvait venir l'idée qu'il n'y avait pas eu d'activité sexuelle « avant la Chute » (pour reprendre un moment l'expression usuelle [1]). C'est ainsi que Bloom écrit justement : « Qu'est-ce que connaître le bon et le mauvais ? Ici encore l'interprétation erronée qui fait loi

1. En fait, *Jubilés* 3, 34 suit le texte de la Genèse quand on y lit : « Ils restèrent sans enfants jusqu'au premier jubilé. Après cette date, [Adam] la connut. »

a réduit cette question à la connaissance ou à la conscience de la sexualité ; mais J a une conception trop saine de la sexualité humaine pour que cette réduction soit pertinente ou intéressante [1]. »

Mais la raison la plus convaincante est peut-être celle-ci : dans les récits bibliques hébreux, non seulement dans ce premier récit mais tout au long, le fait que la sexualité est naturellement admise ressort à l'évidence de l'absence de curiosité, et même d'intérêt positif pour elle en tant que telle. Personne ne s'y intéresse suffisamment pour décrire comme c'est bon de faire l'amour (avec le Cantique des Cantiques, la poésie pourrait faire exception). *Tous* les récits de relations sexuelles sont faits pour des raisons de famille : la naissance d'un enfant, parfois la rivalité entre femmes et concubines, quelquefois la sauvegarde d'une lignée, quelquefois un adultère qui sera cause d'ennuis, et d'autres récits divers. Mais personne n'a envie d'entendre parler des rapports sexuels en tant que tels, par exemple combien de fois des gens ont eu des relations sexuelles, ou de quelle façon, ou s'ils étaient nus ou habillés, ou si c'était toujours aussi agréable. La relation sexuelle qui aboutit à la naissance d'Abel est la première à être rapportée parce qu'elle est la première qui aboutit à la naissance d'un enfant.

Il est sûr que Milton avait raison de penser qu'ils avaient des relations conjugales :

> Adam, que je sache,
> ne se détourna pas de sa belle épouse,
> ni Ève ne refusa les rites mystérieux de l'amour conjugal.

1. Harold BLOOM, *The Book of J* (New York, Weidenfeld, 1990), p. 183. Toutefois, je ne suis pas sûr que cette interprétation ait été aussi « normative » que le suppose BLOOM.

et Milton poursuit en écorchant l'« hypocrisie » de ceux qui supposent qu'il aurait mieux valu que rien de tel n'arrivât :

malgré tout ce que disent austèrement les Hypocrites,
de la pureté, du paradis et de l'innocence,
diffamant comme impur ce que Dieu déclare pur,
commande à quelques-uns, permet à tous.
Notre Créateur ordonne de multiplier, qui ordonne de s'abstenir,
si ce n'est notre Destructeur, l'ennemi de Dieu et de l'homme [1] ?

Ce point de vue est confirmé encore par d'autres considérations. Certes, il est vrai que la Genèse ne rapporte aucune relation sexuelle avant l'expulsion, mais on n'y trouve pas non plus de mention précisant qu'il n'y en a pas eu. Si le fait qu'il n'y a pas eu de relations avait eu pour le texte de l'importance, il eût été naturel que le texte le dît : or il ne le fait pas. Les postulats culturels voudraient que, dans les circonstances, le couple ait eu des relations conjugales, en particulier compte tenu de l'affirmation qu'ils étaient nus. Personne n'a avancé de raisons, dans le cadre de l'antique civilisation hébraïque (à la différence, disons, de la civilisation chrétienne médiévale), pour qu'on ait jugé désirable que le couple se soit abstenu de relations dans le jardin, ou pour que pareille abstention ait eu un sens. L'alternative serait que la tentation et la désobéissance aient suivi si vite qu'ils n'en auraient pas eu le temps. Mais une fois de plus le manque d'intérêt dans le texte (qui sur ce point contraste fort avec d'autres) pour l'exactitude chronologique rend cela peu plausible. On ne se disait pas que le temps passé dans le jardin avait été si court que l'acte d'amour en eût été empêché.

Deuxièmement, on a souvent prétendu que la précision apportée après l'expulsion du jardin, « et Adam connut Ève sa femme et elle conçut et mit au monde Caïn », suggérerait

1. MILTON, *Le Paradis perdu*, IV, Paris, Aubier, 1951, trad. Pierre Messiaen, p. 741 s.

par elle-même que c'était la première fois (Gn 4, 1). Mais il n'en est rien. Pratiquement les mêmes mots sont employés au sujet d'Elkanah, père de Samuel : « et Elkanah connut Hannah sa femme et le Seigneur se souvint d'elle ; et en temps voulu Hannah conçut et mit au monde un fils » (1 S 1, 19-20). Or Elkanah et Hannah voulaient un enfant depuis des années : le problème, c'est qu'elle n'avait pas pu en avoir. Gn 4, 1 ne dit pas que c'est là le premier acte sexuel humain, mais le texte a pour fonction d'introduire le premier fils du premier couple.

Troisièmement, nous l'avons vu, les *Jubilés* estiment que la durée du séjour dans le jardin fut très longue, plus de sept ans, et même, après l'expulsion, ils supposent une autre longue période avant le début de leur activité sexuelle : « Ils restèrent sans enfants jusqu'au premier jubilé [c'est-à-dire plus de cinquante ans après la création]. Après cette date, [Adam] la connut » (3, 34). Après le meurtre d'Abel, les choses empirèrent. « Adam et sa femme continuèrent de pleurer Abel quatre semaines d'années [28 ans]. Dans la quatrième année de la cinquième semaine, ils se réjouirent : Adam connut de nouveau sa femme, et elle lui enfanta un fils. Il lui donna le nom de Seth » (4, 7). Il y a une raison derrière cette lenteur. Intéressé à l'extrême par la chronologie, le livre des *Jubilés* s'efforce de prendre en compte les chiffres de la généalogie de Gn 5, selon laquelle Adam était âgé de cent trente ans quand naquit Seth, le fils qui est le premier mentionné dans cette généalogie. S'il lui avait fallu cent trente ans pour engendrer le fils qui plus tard, pour des raisons de généalogies, serait compté comme son premier-né, il fallait compter aussi un nombre respectable d'années avant la naissance d'Abel et de Caïn. Le livre des *Jubilés* étire la durée de ces premiers temps : en ces temps, tout allait plus lentement.

Toutefois, il s'agit là seulement d'une position extrême parmi les plus anciens schémas d'interprétation. À l'autre extrémité, nous avons Rabbi Eleazar b. Azariah, pour qui, grâce à une utile mise en œuvre du miracle, appropriée à cette situation exceptionnelle, les choses s'accélèrent tout autant qu'elles traînent dans les *Jubilés* : tous ces événements ont eu lieu en un seul jour, trois miracles en une seule journée ; en un jour ils furent créés, ils eurent des relations amoureuses, et ils mirent au monde des enfants [1]. Tout est donc ici très ramassé dans le temps. En fait, la chronologie de la vie sexuelle adamique est plaisante et amusante, mais en définitive hors de propos : il est clair que le texte n'y avait pas pensé et ne donne aucune indication à ce sujet. Pendant un certain temps Adam et Ève furent dans le jardin, plus tard ils en furent expulsés. Le cadre chronologique hasardé par Milton en vaut un autre et il leur donne fort bien le temps de prendre plaisir convenablement l'un à l'autre avant d'être frappés par la catastrophe.

Quatrièmement, un autre point n'aura pas échappé au lecteur attentif ; au vu de la déclaration saisissante, qui suit immédiatement la création d'Ève : l'homme ne quittera pas sa femme d'une semelle (il *collera* à elle, comme dit l'hébreu) et ils deviendront *une seule chair*, on tombe de haut si le premier couple n'a eu aucune activité en ce sens pendant des mois, voire des années. En somme donc, il est beaucoup plus normal de penser qu'en Gn 2-3 l'activité sexuelle va de soi et que c'est précisément pourquoi elle n'a pas été mentionnée explicitement.

Donc, dès le début, la sexualité, tout comme la mortalité, est chose admise ; la désobéissance introduisit des obstacles, avant tout du fait d'une plus grande gêne, deuxièmement par des tabous et des barrières, et troisièmement du fait de la réaction de Dieu à la désobéissance, réaction qui s'exprime en particulier dans les paroles de réprobation adressées à la femme, dont le désir doit se porter vers son mari alors que lui la dominera.

---

1. Gen. R., XXII, 2 ; Midrash Rabba (Londres, Soncino, 1977), p. 180.

Il y a encore autre chose dans ces relations : on note un jeu de mots évident entre la nature *rusée* du serpent *('arûm)* et le mot « nus » *('îrim)* appliqué au couple humain. Il est clair qu'il y a jeu de mots, mais ce qui n'est pas clair, c'est ce qu'il veut signifier. Peut-être pourrait-on dire : la ruse du serpent offre aux êtres humains une source de connaissance, mais la connaissance qu'ils reçoivent se manifeste d'abord par la prise de conscience de leur propre nudité. Voilà ce que ce sera d'avoir la connaissance du bien et du mal : c'est une vraie connaissance, qui place les humains, en partie du moins, dans la même classe que la divinité, mais la première chose qu'elle va leur apprendre est un malheur pour eux. L'innocence est perdue. Connaître le bien et le mal est peut-être un privilège, mais il exerce un fâcheux contrecoup sur l'image qu'on se fait de soi. L'intérêt évident porté à la sexualité dans ce passage peut donc être apprécié sans qu'on en arrive à la conclusion improbable que l'aurore de la prise de conscience de la sexualité constitue la signification centrale de ce récit.

Un autre aspect encore suscite le commentaire : je veux parler de l'intérêt porté à la technologie ou à ce qu'on pourrait nommer la technogonie, la naissance des arts et des métiers. Beaucoup des récits sur les origines du monde s'y intéressent : l'un d'eux, beaucoup plus complet que les fragments bibliques, est l'œuvre de Philon de Byblos (en Phénicie) fondée, du moins en partie, sur des traditions phéniciennes, et qui a bien des points de contact avec le matériel biblique [1]. Dans l'Ancien Testament, le récit le plus important est l'histoire des descendants de Caïn en Gn 4 : c'est d'eux que proviennent les premiers pasteurs, les premiers métallurgistes, les premiers musiciens, ainsi que le bâtisseur de la première cité. L'intérêt pour la technogonie irait bien avec la conception d'ensemble que j'ai mentionnée plus haut selon laquelle la « connais-

---

1. Voir J. BARR, « Philo of Byblos and his "Phoenician History" », *Bulletin of the John Rylands Library*, 57, 1974-1975, p. 17-68.

sance » du bien et du mal serait la connaissance pratique de ce qui est nuisible et de ce qui est utile. Mais le contenu du récit va à l'encontre de cette interprétation. L'histoire des Caïnites est d'intérêt secondaire dans l'Ancien Testament et ne mène nulle part. À la différence des descendants de Caïn, Adam et Ève n'apprennent aucune technique. Se vêtir de feuillages signale une absence d'avancée technologique. De fait, les humains ont à présent besoin de vêtements, mais c'est Dieu qui les fait pour eux, ils ne les font pas eux-mêmes [1]. Il est d'ailleurs raisonnable de penser que notre récit raconte les débuts de la civilisation, mais si nous la désignons ainsi, il faut entendre que ce récit, distinct d'autres en cela, ne témoigne d'aucun intérêt pour les réalisations techniques ou pour l'organisation politique : pour lui, si la civilisation a un sens, c'est d'instituer des distinctions, spécialement des distinctions éthiques, avec le fardeau des différences, barrières et régulations qui en est la conséquence.

Avec cela, il nous faut examiner les rapports entre notre récit et une idée d'une extrême importance, appartenant à une autre couche de la Genèse, l'idée selon laquelle l'humanité a été créée à l'image de Dieu. L'analogie est nette entre les deux formes de propos. L'image de Dieu suppose une certaine ressemblance, et au jardin d'Éden l'humanité est parvenue à être dans une certaine mesure « comme » Dieu. Si l'expression « connaître le bien et le mal » est loin de recevoir dans notre récit une définition claire, l'image de Dieu elle non plus n'est pas clairement définie et les controverses sur sa nature se sont poursuivies au long des siècles [2]. Si connaître le bien et le mal

---

1. Voir WESTERMANN, p. 269.

2. Voir Gunnlaugur JONSSON, *The Image of God. Genesis 1 : 26-28 in a Century of Old Testament Research* (Coiectanea Biblica, Old Testament Series 26, Lund, Almquist et Wiksell, 1988) : JONSSON a la bonté d'écrire (p. 146, n. 6) que « si Karl BARTH est le nom le plus important pour les études sur l'*imago Dei* durant la période 1919-1960, on peut avancer justement que James BARR est le nom le plus important pour la période

a quelque rapport avec l'immortalité, l'image de Dieu elle aussi semble être quelque chose de durable et qui ne disparaît pas. Certaine tradition chrétienne, qui insiste sur le caractère central de la chute, a souvent affirmé que l'image de Dieu dans l'homme était gravement défigurée, abîmée ou amoindrie par la désobéissance de l'homme, mais c'est un fait bien connu qu'aucun des textes qui parlent de l'image de Dieu ne suggère qu'elle aurait été défigurée ou amoindrie en aucune façon. En Gn 9, 6 le meurtre doit être puni de mort parce que l'homme a été fait (et par conséquent est toujours) à l'image de Dieu. En fait, dans la couche P qui parlait de l'image de Dieu il n'était pas question d'une « chute » (même s'il y en avait une en Gn 3), ou du moins pas à ce stade spécifique (il a pu en être question plus tard, voir le chapitre suivant).

Ce qui est en rapport tant avec l'idée d'« image de Dieu » qu'avec le récit du jardin d'Éden, c'est la relation entre l'homme et les animaux. Les deux récits s'intéressent à ce thème. Au premier chapitre de la Genèse, récit plus systématique et dont on suppose habituellement qu'il a été composé plus tard, l'homme est le dernier élément créé dans une série qui s'étend sur six ou sept jours et comporte huit actes de création. Le cadre externe est d'abord créé, puis les plantes, enfin les animaux et en dernier l'humanité qui est la seule dans cet ensemble à être à l'image de Dieu. Par contraste, dans le récit de Gn 2-3, il n'y a pas grand-chose concernant le cadre extérieur : le premier homme est formé, puis un jardin est planté, l'homme y est placé, et on ajoute la défense de manger du fruit de l'arbre de la connaissance, puis Dieu remarque qu'il n'est pas bon pour l'homme d'être seul. À partir du sol, il forme tous les animaux et il les amène à l'homme pour voir comment ce dernier va les nommer. L'homme donne des noms aux animaux, mais cela semble insuffisant : l'homme,

---

1961-1982 ». Il n'est pas facile de se montrer à la hauteur d'une pareille appréciation !

lui, n'a pas de compagnon ou de vis-à-vis qui lui convienne, alors Dieu, de son flanc, crée la première femme. Tout cela est bien connu et familier.

Mais il y a là deux traits frappants. Le premier est qu'il faut que Dieu ait été joliment naïf pour supposer que l'homme trouverait une compagnie satisfaisante dans un troupeau de vaches et de moutons, égayé peut-être de-ci de-là par un lion ou un léopard, et que cela lui fournirait ce qui devait plus tard, par défaut, lui être procuré par la présence d'une femme. L'idée que la femme a été pensée après coup est une idée remarquable, que plus tard Gn 1 devait rectifier, en postulant clairement, ou du moins assez clairement, que le mâle et la femelle ont été créés ensemble dès le début. Il y a certes des parallèles mythologiques à cette idée, mais dans le contexte de la civilisation israélite, elle paraît hautement incongrue. Cela a pour effet de souligner la distance entre l'homme et les animaux ; par contraste, l'homme et la femme forment un couple étroitement lié et uni.

L'autre aspect, corollaire du précédent, est que l'humanité reçoit des talents ou facultés qui la différencient du monde animal. En Gn 1, cela est marqué par l'idée de l'image de Dieu, qui s'applique uniquement à l'humanité et non aux animaux et aboutit à l'idée de l'empire de l'humanité sur les animaux et sur le reste de la nature. En Gn 2-3, cela consiste dans la connaissance du bien et du mal, qui appartient au monde des dieux et éloigne l'humanité du comportement des animaux qui l'entourent.

Cette connaissance implique donc un contact avec des principes universels et éternels. Ceux-ci peuvent être mal connus, mais leur existence se déduit du simple fait que l'humanité connaît « le bien et le mal ». « Le bien et le mal » sont donc définis, ne serait-ce que vaguement, parce qu'ils appartiennent au monde des dieux, à un royaume éternel où les humains ne sont pas normalement censés avoir accès. Les anciens théologiens ne pratiquaient donc pas une exégèse totalement fantasque ou impropre quand ils voyaient là une saisie par l'âme de vérités éternelles, une faculté qui, dans la tradition de la philosophie grecque, marquait une nette distinction entre l'homme et l'animal. Il n'était pas absurde de voir dans ces traditions, comme le firent d'anciens interprètes, dès la Sagesse de Salomon, des liens avec le langage de la philosophie grecque. La faculté de connaître dote l'humanité d'une transcendance par rapport aux limitations de son existence physique. Toutefois, cette même connaissance entraîne dans son sillage la connaissance de soi et, en particulier, l'embarras, plus une éventuelle prise de conscience de la faute et de la honte. En outre, le fait que l'homme n'ait pas réussi à ajouter l'immortalité à la connaissance l'amène à retrouver, mais à un autre niveau, ses faiblesses et ses limites. Si la connaissance vaut à l'homme un contact avec l'éternel, la maladie, la mortalité et bien d'autres aspects de l'humaine condition entraînent un autre lot de tragiques faiblesses.

À cet égard, on peut constater que nos raisonnements nous ont fait parcourir un cercle. J'ai commencé par mettre en doute l'hypothèse traditionnelle selon laquelle la désobéissance d'Adam et d'Ève a introduit la mort dans le monde, en ce sens qu'ils auraient été créés immortels et qu'à présent ils devraient mourir. J'ai prétendu au contraire que, de toute façon, ils devaient mourir, mais qu'ils avaient perdu la possibilité d'être immortels, qu'ils avaient approchée de tout près. Pourtant, les choses étant ainsi, même à ce nouveau plan, les limites de l'humanité, dont la mort est le symbole central, n'en deviennent que plus claires : car la faculté de connaître qu'ils avaient obtenue suppose le contact avec l'éternel et le transcendant ; mais les limites humaines, dont la mort, conspirent à rendre cette connaissance vaine. L'existence humaine, si elle est mal vécue, peut en arriver à ressembler à celle des bêtes. « L'homme ne peut demeurer dans son faste, il est semblable aux bêtes qui périssent » répète le Psaume 49 (13, 21). Cultivateur aux prises avec un sol réfractaire, Adam n'avait guère de loisirs pour développer ses facultés intellectuelles. On peut juger possible de reformuler, en ce sens plus indirect, la croyance traditionnelle selon laquelle du fait d'Adam nous nous trouvons dans une situation dans laquelle la mort en est venue à régner sur nous.

IV

L'ARCHE DE NOÉ. LE TEMPS, LA CHRONOLOGIE ET LA CHUTE

Le lecteur demandera peut-être ce que Noé et son arche ont à faire avec un titre comme *Éden et la quête de l'immortalité*. Noé n'a jamais été dans le jardin d'Éden et la plupart des gens n'ont jamais associé son nom avec la question de l'immortalité. Mais il y a plusieurs raisons pour que Noé et son histoire entrent dans notre discussion. En voici quelques-unes.

D'abord, dans la mythologie mésopotamienne c'est dans le récit concernant le déluge et le héros qui en fut sauvé dans son bateau qu'apparaît l'arbre ou la plante de vie. L'« épopée de Gilgamesh, écrit Stephanie Dalley, raconte la quête héroïque de la renommée et de l'immortalité entreprise par un homme [...] fait de force et de faiblesse qui, pour une négligence d'un instant, manque une occasion unique ». Ce sont des thèmes proches de ceux que nous avons déjà reconnus dans le récit biblique du jardin d'Éden. Utnapishtim a entendu parler de cette plante et, à la fin du récit, il est enlevé dans le monde des dieux. Il dit, s'adressant à Gilgamesh :

Gilgamesh, je vais te révéler une chose cachée
et te dire, à toi, une chose réservée aux dieux.
Il y a une plante, une espèce d'épine,
dont les aiguilles, comme celles de la rose, te piqueront les mains ;
mais si tes mains s'emparent de cette plante, tu auras trouvé la vie [1].

Il y a bien des différences avec le récit biblique sur Noé, mais on ne peut nier qu'il y ait un rapport.

Une deuxième information vient du nom même de Noé. Nous avons vu déjà, à propos d'Ève, qu'un nom donné et expliqué dans la Bible peut remonter à des récits beaucoup plus anciens ou à des stades plus anciens de la même histoire, et c'est encore le cas pour le nom de Noé. L'explication de ce nom donnée dans le texte de la Genèse (5, 29, *zeh ienaḥamenu* : « celui-ci nous apportera une consolation », BJ) est clairement une étymologie populaire et ne peut convenir au nom de Noé. Il y a longtemps, G. R. Driver a suggéré que ce nom de Noé était apparenté au verbe éthiopien *noḥa*, « durer longtemps », et qu'il correspondait au personnage mésopotamien Ziusudra d'une autre forme de la légende du déluge [2]. On ne peut pas dire que cela est certain, mais c'est

1. Stephanie DALLEY, *Myths from Mesopotamia*, Oxford University Press, 1989, p. 118. La citation est tirée de *L'Épopée de Gilgamesh*, Introduction, traduction et notes par Raymond Tournay et Aaron Shaffer, Paris, Éd. du Cerf, 1994, coll. « Littératures anciennes du Proche-Orient », p. 242-243 (tablette XI, coll. VI, lignes 266-270 : « la plante de jouvence »).

2. Lloyd R. BAILEY, *Noah : the Person and the Story in History and Tradition*, Columbia, Université de Caroline du Sud, 1989, p. 165 s. discute cette interprétation. À l'objection qu'il formule (p. 166), que cela supposerait un autre verbe, ou un sens qui n'a survécu qu'en éthiopien, on peut répondre en suggérant que « reposer » et « durer longtemps » seraient éventuellement des composantes de sens apparenté. Voir par exemple le sens de « être lent, tranquille » signalé « au statif » de *nâḫu* dans le *Chicago Assyrian Dictionary*, vol. N. 1, 1980, p. 144, avec comme exemples *šumma ina alākišu ne-eḫ* « s'il marche lentement », et *šumma Sin ina alākišu ni-iḫ* « si la lune est lente en sa course ». Dès lors, il ne serait pas nécessaire d'imaginer l'existence d'un verbe complètement différent.

une explication extrêmement plausible alors qu'aucune autre n'a été suggérée qui emporte la conviction[1]. On devrait l'adopter, ne serait-ce que provisoirement. Si j'ai raison sur ce point, l'histoire de Noé pourrait dans ses stades les plus anciens avoir été elle aussi l'histoire de quelqu'un qui s'est approché tout près de la vie éternelle ou qui du moins a été en contact avec les sources d'où l'on pouvait l'obtenir. C'est en tout cas probable, rien que par les similarités entre le récit hébreu du déluge et le récit babylonien, et cette explication du nom de Noé ne fait que rendre plus intelligible ce qui était intrinsèquement probable.

En outre, prise dans une plus large perspective, l'histoire de Noé est extrêmement intéressante pour toutes les recherches sur le commencement du monde et la nature de l'humanité. Sans doute à la surface du texte le monde a-t-il été créé longtemps avant Noé et c'est Adam notre premier ancêtre ; mais le monde dans lequel nous vivons est à bien des égards un monde qui a commencé avec Noé et son temps. Prenons l'aspect le plus obvie : l'idée d'une chute soudaine et catastrophique dans le péché et d'une radicale aliénation par rapport à Dieu, idée qui a caractérisé une bonne part de la tradition chrétienne, et qui était censée s'appuyer textuellement sur Adam et Ève et le jardin d'Éden, a en réalité une base textuelle bien meilleure en Gn 6. C'est là que le monde est gravement violé dans sa structure par les mariages angéliques dans lesquels fils de Dieu ou êtres célestes épousent des femmes, mettant au monde des êtres gigantesques ou monstrueux qui se situent quelque part entre les deux catégories fondamentales du purement divin et du purement humain : catégories qui, selon les postulats hébreux usuels, ne devraient en aucune façon être confondues. Ce n'est pas dans le récit du jardin d'Éden mais ici que nous apprenons que la terre a été

1. « Le nom *nḥ* n'a pas été expliqué » dit WESTERMANN, *Genesis 1-11*, p. 360. Il ne paraît pas connaître l'explication que je suis ici.

remplie de violence (Gn 6, 11 [1]). C'est ici, et nulle part ailleurs dans la Bible, que nous trouvons quelque chose qui s'approche de l'idée de « dépravation totale » : « Le Seigneur vit que la méchanceté de l'homme était grande sur la terre et que son cœur ne formait que de mauvais desseins à longueur de journée » (Gn 6, 5). C'est alors, et à juste titre, que dégoûté de cet état de choses Dieu regrette d'avoir fait l'humanité et décide de la supprimer tout entière ; ce qu'il fait en ne gardant en vie qu'une seule famille, celle de Noé. Pour Noé et les autres, survivre un an dans l'arche au milieu de tous ces animaux et commencer une nouvelle existence dans un monde virtuellement neuf était une expérience sans équivalent : cela revenait presque au départ d'une vie nouvelle, quelque chose comme la vie éternelle. C'est pourquoi il n'est pas surprenant de voir des auteurs ultérieurs, comme celui de la première épître de Pierre, considérer que le récit du déluge évoquait étroitement d'un côté le baptême et de l'autre la résurrection (« mis à mort selon la chair, il a été vivifié selon l'esprit », 1 P 3, 18-20).

« Pas seulement pour eux mais pour nous aussi » commente le même auteur. Le monde dans lequel nous vivons est le monde qui a commencé avec Noé. Souvent, nous nous réconfortons avec les mots de Gn 1, disant que Dieu vit que tout ce qu'il avait fait était bon, et à coup sûr cela est vrai, mais est-ce que cela vaut encore pour le monde tel qu'il est [2] ? Au commencement Dieu fit un firmament, un plancher pour tenir à l'écart les eaux du chaos, mais plus tard il l'ouvrit pour les laisser revenir. Après l'épisode de Noé, il dit qu'il ne recommencerait pas ; mais qui sait s'il ne fera pas quelque chose

1. Il faut remarquer que le mot que j'ai traduit par « former », en hébreu *yeṣer*, est le même qui est employé dans le judaïsme post-biblique pour désigner les deux « penchants » ou « impulsions » que j'ai signalés au chap. II.

2. Sur ce thème, voir J. D. LEVENSON, *Creation and the Persistence of Evil*, San Francisco, Harper and Row, 1988.

d'autre du même genre ? Cette crainte était déjà venue aux gens du Nouveau Testament, qui faisaient remarquer (2 P 3, 5-10) que la prochaine fois il pourrait bien envoyer le feu pour détruire : un sort encore pire, et qui n'est pas dépourvu de réalisme comme nous le savons bien aujourd'hui. Le monde de Gn 1 était un monde végétarien, dans lequel (semble-t-il) les lions et les tigres mangeaient de l'herbe et où l'homme ne devait pas manger la chair des animaux. Un des grands changements intervenus après le déluge est que permission fut donnée aux hommes de manger de la viande : « soyez la crainte et l'effroi de tous les animaux de la terre » (Gn 9, 2) ; cela s'accompagne d'une autre importante modification dans la constitution du monde : le sang versé doit être vengé par le sang versé en retour, chose que semble avoir ignoré la constitution première du monde. Ainsi donc, c'est à Noé que remonte le monde tel que nous le connaissons. Il n'est personne, ici ou ailleurs, qui ne soit son descendant. De sa famille sont sorties toutes les nations qui peuplent toutes les régions de la terre. Certaines règles de justice très fondamentales promulguées par lui sont censées obliger tout le monde.

On trouve en dehors d'Israël des traces de cette caractéristique du déluge. À Athènes, durant le festival des Anthestéria, il y avait un jour où l'on préparait un mets spécial appelé *panspermia*, et les célébrants rappelaient que les quelques survivants du déluge mythologique avaient fait de ce mets leur premier repas [1]. Jan Bremmer écrit : « Le déluge était associé au chaos social des *choès* (ou "cruches à vin") sur le plan de la mythologie, et la restauration de l'ordre social sur les *chutroi* (ou "pots") est donc associée comme il convient aux survivants du déluge. En Grèce comme ailleurs on pensait souvent que le déluge avait précédé l'origine ou la fondation d'importants éléments de l'ordre social ou cosmique [...]. » Il

1. J. BREMMER, *The Early Greek Concept of the Soul*, Princeton, 1983, p. 120 s.

est intéressant de noter que les Grecs comptaient parmi ceux-ci le coupage du vin : « un des inventeurs du vin coupé est Amphictyon, fils de Deucalion [1] » — on ne manquera pas de noter la comparaison avec Noé et son ivresse.

À prendre les choses autrement, l'histoire de Noé et du déluge constitue une sorte de seconde création. Certaines des plus poétiques descriptions de la création ressemblent davantage à la régénération de la terre après le déluge qu'au récit de la création en Gn 1. Ainsi le Psaume 104 :

> Tu poses la terre sur ses bases,
> inébranlable pour les siècles des siècles.
> De l'abîme tu la couvres comme d'un vêtement,
> sur les montagnes se tenaient les eaux.
> À ta menace elles prennent la fuite...
> elles sautent les montagnes, elles descendent les vallées...
> tu mets une limite à ne pas franchir ;
> qu'elles ne reviennent couvrir la terre,

et de même le Psaume 74, 12-17. Dieu divise la mer, il écrase le monstre Léviathan, il ouvre les sources, mais aussi il assèche les cours d'eau intarissables : je l'entends de ce qu'il pratique des ouvertures (par lesquelles les eaux du déluge peuvent s'écouler sous la terre) et assèche les bras du fleuve cosmique Océan (partout où ces eaux continuaient à recouvrir la terre). C'est ainsi qu'il a fixé les limites de la terre, le passage des saisons. Cela ressemble davantage au récit du déluge, à l'écoulement des eaux et à l'assèchement de la terre, qu'au récit traditionnel de la création.

Pour toutes ces raisons, il est probable que le récit sur Noé et le déluge peut nous éclairer utilement sur la conception biblique de la constitution fondamentale du monde et de la nature humaine ; c'est ce que nous allons voir maintenant.

---

1. Deucalion est bien sûr le Noé du déluge grec.

Avant tout, il nous faut revenir sur un point déjà mentionné : la génération du déluge nous fournit la seule référence valable pour le péché et le mal aux origines du monde. Aux yeux de la majeure partie de la tradition chrétienne depuis saint Paul, la désobéissance d'Ève et d'Adam, d'Adam surtout, a été l'irruption totalement catastrophique du mal, une révolte radicale contre Dieu, qui a entraîné ensuite tous les hommes dans le péché et la mort. Toutefois, comme nous l'avons vu, cela est loin de constituer une saine exégèse du récit du jardin d'Éden. En réalité, c'est plutôt en Gn 6 que l'on a pu relever ces aspects catastrophiques. Les mariages des anges, par lesquels ces « fils de Dieu » se sont unis à des femmes et ont procréé des géants, retiennent peu l'attention du lecteur moderne ; mais pour les anciens Hébreux c'était de la plus haute importance et il n'est pas exagéré de dire que cet exemple de mal catastrophique l'emportait de beaucoup sur les actes d'Adam et Ève. Pareillement, il est naturel que Dieu ait réagi avec une violence extrême, faisant disparaître la totalité de l'espèce humaine à l'exception de huit personnes, plus la totalité de la population animale (sauf, peut-on penser, les poissons et animaux aquatiques), en recouvrant d'eau l'univers entier. Ou, pour le dire autrement, si l'on doit parler d'une « chute de l'homme » et en fait d'un « monde déchu », on en est beaucoup plus près ici avec le récit du déluge qu'avec celui du jardin d'Éden. Mais si c'est une chute en ce sens, elle fonctionne de manière différente : car tous les humains « déchus » dans cette chute ont été détruits, tandis que ceux qui ont survécu, Noé et sa famille, n'étaient *pas* des déchus ; et comme nous descendons tous de ce groupe de huit personnes, aucun d'entre nous n'a donc subi les conséquences de cette chute.

Mais il y a encore quelque chose à dire à propos des mariages des anges. Le récit qui en est fait dans le livre canonique de la Genèse est bref et plutôt incolore ; il n'en va pas de même pour ceux qui ont médité sur ce passage et l'ont amplifié dans la littérature deutérocanonique, notamment les livres d'Énoch et des *Jubilés*. Les anges rebelles et les géants, fruits de leur union avec les femmes, constituaient une abominable troupe de malfaisants et de blasphémateurs. En fait, ils ont été en quelque sorte des innovateurs en matière technique, quelque chose comme ce que nous avons déjà constaté pour la postérité de Caïn, mais leurs innovations furent loin d'être bienfaisantes pour l'humanité : trois d'entre elles, en particulier, sont répréhensibles, car elles sont à l'origine de *a*. l'astrologie, *b*. d'armes servant à verser le sang, et *c*. des cosmétiques pour la parure des femmes.

Azazel apprit aux hommes à fabriquer des épées, des poignards, des boucliers, des cuirasses. Il leur montra les métaux et la manière de les travailler, ainsi que les bracelets, les parures, l'antimoine, le fard des paupières, toutes les sortes de pierres précieuses et les teintures. Et le monde fut changé. Et il en résulta une grande impiété. Les hommes se débauchèrent, s'égarèrent et se perdirent dans toutes leurs voies. Shemêhaza leur enseigna les charmes et la botanique, Hermoni les exorcismes, la magie, la sorcellerie et les tours, Baraqiel l'astrologie, Kokabiel les signes des étoiles, Ziqiel les signes des météores, Arataqif les signes de la terre, Shamshiel les signes du soleil, Sahriel les signes de la lune [1]...

Rien d'étonnant à ce qu'ils aient été enfermés dans une caverne obscure, dans les profondeurs de la terre, pour les mettre hors d'état de nuire. Au temps de Jésus ils y étaient toujours et ce sont « les esprits en prison » auxquels on dit qu'il a prêché (1 P 3, 19). Tout ce récit est une sombre histoire de révolte et de châtiment, bien plus radicale et extrême que la désobéissance d'Adam et Ève. Pour conclure sur ce point, une partie de cet ensemble de concepts de péché et de dépravation qui s'est attaché au premier couple humain revient plus natu-

1. H. F. D. Sparks, *The Apocryphal Old Testament*, p. 190 s. (trad. de M. A. Knibb). I *Énoch* VIII, 1-3, voir *La Bible, Écrits intertestamentaires*, Paris, Gallimard, 1987, p. 478-479.

rellement à la génération du déluge et c'est à celle-ci qu'il faudrait l'assigner [1].

Mais s'il en est ainsi, certaines idées concernant la vie et peut-être la vie éternelle se trouvent également ici. J'ai déjà indiqué que la valeur de la vie, le caractère positif ou négatif de la mort, et le concept de vie éternelle sont liés au *temps*. Même si beaucoup de gens aujourd'hui, qu'ils soient « conservateurs » ou « libéraux » en fait de Bible, ont cessé d'en avoir conscience, la question de la chronologie et le comput du temps sont au nombre des préoccupations majeures de l'Ancien Testament [2]. Or personne, exception faite peut-être pour Abraham, ne joue un rôle plus important dans ces questions que Noé. Le récit du déluge est scrupuleusement calculé et daté. Noé était âgé de 500 ans quand il devint le père de Sem, Cham et Japhet. C'est 100 ans plus tard que le déluge recouvrit la terre. C'est dans la 600ᵉ année de sa vie, au deuxième mois, le dix-septième jour du mois, que l'eau céleste commença à tomber en trombes. C'est exactement cinq mois

1. Cela vaut aussi pour *l'extension* des paroles sévères sur le mal humain en Gn 6, 5 que j'ai citées. Ces paroles ont une *ressemblance* avec les idées postérieures sur la dépravation *générale* des humains, mais leur généralité n'avait pas été nécessairement conçue en ce sens. Ce qu'on entendait par là, c'est que la génération du déluge « n'avait tout le temps que des pensées mauvaises » mais cela ne devait pas s'appliquer automatiquement à tous les êtres humains de tous les temps, passés et à venir. Même alors, cela ne s'appliquait pas à Noé, qui est explicitement qualifié de « juste » et même de « parfait » ou du moins « sans reproche », *tamîm*, et cette justice s'étend aussi à sa famille. D'un autre côté, les paroles de Dieu en Gn 8, 21 semblent supposer que la malice invétérée des hommes va continuer dans l'avenir, et qu'il ne servira de rien d'essayer de la faire disparaître au moyen d'un autre déluge ou de quelque action radicale de ce genre.

2. Voir là-dessus mes articles : « Why the World was Created in 4004 B.C. : Archbishop Ussher and Biblical Chronology », et « Luther and Biblical Chronology », *Bulletin of the John Rylands Library*, 67, 1984-1985, p. 575-608, et 72, 1990, p. 51-67, ainsi que *Biblical Chronology : Science or Legend ?*, Ethel M. Wood Lecture, Londres, Athlone Press, 1987. Antérieurement, J. BARR, *Biblical Words for Time* (Londres, SCM Press, 1969).

plus tard, le dix-septième jour du septième mois, que l'arche s'arrêta sur les monts d'Ararat. C'est le premier jour du premier mois de sa 601e année que les eaux tarirent et que Noé ouvrit le toit de l'arche et regarda au-dehors. C'est au deuxième mois, le dix-septième jour du mois, un an exactement après le début du déluge, que la terre fut asséchée (pour de bon, cette fois ?) et que Dieu dit à Noé de débarquer. Ainsi donc l'épisode tout entier est très précisément minuté, beaucoup plus précisément que la plupart des autres récits de la Bible hébraïque. Il est bien certain que le temps et la mesure du temps présentent ici un intérêt.

Toutefois, ce qui nous intéresse ici, ce sont davantage les années que les mois et les jours. La Genèse fournit une chronologie précise depuis la création jusqu'au déluge, puis jusqu'à Abraham et la descente en Égypte, et à partir de là d'autres livres fournissent des données pour le calcul du temps jusqu'à l'Exode, jusqu'à la construction du temple de Salomon, et au temps des rois d'Israël et de Juda. Depuis les origines jusqu'au déluge, les chiffres sont fournis par l'âge des pères dans les généalogies des chapitres 5 et 11. C'est ainsi que Gn 5, 3-5 nous apprend qu'Adam était âgé de 130 ans quand il eut son fils Seth, à partir duquel sa descendance devait être comptée (cette généalogie ingore Caïn et Abel). Des chiffres semblables sont donnés pour chaque génération et une simple addition nous donne le chiffre de 1 656 AM *(anno mundi)* pour le début du déluge : c'est-à-dire qu'il y a eu 1 656 ans de la création au commencement du déluge. Ces chiffres sont substantiellement différents dans le texte grec de la *Septante* et dans le texte hébreu samaritain, mais leurs chiffres, pour être différents, appartiennent à la même catégorie générale.

En outre, le même passage nous dit non seulement qu'Adam avait 130 ans à la naissance de Seth, mais encore qu'il vécut par la suite 800 ans et eut d'autres fils et filles. Ce schéma se reproduit tout au long de la série, et la plupart des antédiluviens, les gens qui ont vécu avant le déluge, ont vécu dans les 700, 800 ou 900 ans. Certes, cela fait beaucoup. Comme tout le monde le sait, la vie la plus longue fut celle de Mathusalem, qui alla jusqu'à 969 ans ; Jared dura 962 ans, et Adam les suit de près avec 930 ans. Mais quel sens donner à ces chiffres ?

Un indice évident est qu'au fur et à mesure qu'on avance dans le temps la durée de vie des gens raccourcit. Après le déluge, en Gn 11, elle tombe rapidement, de quelque 400 à 200 environ ; après Abraham, on tombe au-dessous de 200 et Moïse lui-même ne vécut que 120 ans. Plus tard on tint 70 ans pour une durée convenable et 80 ans était un âge inhabituel.

Peut-être pouvons-nous trouver dans ce matériel une conception d'un type différent de ce qu'on s'est accoutumé à voir dans la Bible : la conception d'un déclin *graduel* à partir d'un état antérieur noble et excellent et que marquait la diminution constante de la durée de vie des personnes. Naturellement, les chiffres donnés par la Bible ne sont pas entièrement propres aux Hébreux ; il y a des analogies avec les chiffres mésopotamiens (beaucoup plus élevés) et il est probable qu'ils en proviennent d'une certaine façon ou qu'il y a une source commune. Naturellement aussi, le sens de ces chiffres chez les Hébreux n'est pas nécessairement le même que celui qu'ils avaient dans leur lointaine origine. Chez les Hébreux, il faut noter que plusieurs de ces chiffres approchent de mille, mais sans jamais y atteindre. Adam atteint 930 ans, à 70 ans de cette barre, et il est vraisemblable que ce chiffre de 70 en moins est aussi plein de sens. Au fur et à mesure que le temps passe les gens vivent de moins en moins longtemps. Les grandes durées appartiennent au commencement du monde. Il est concevable qu'on ait pu penser qu'une durée de vie de mille ans constituait virtuellement l'immortalité. Dans le langage prophétique qui, à l'occasion, évoquait le langage des temps primordiaux, on a pu parler de « milliers » de vignes d'une valeur de « mille shekels » (Is 7, 23), tout comme on a pu parler d'un enfant qui mourrait « à l'âge de mille ans »

(Is 65, 20). Si cela est juste, Adam a manqué de peu de vivre un millénaire, ce qui aurait équivalu à une immortalité virtuelle ou pratique.

Mais pour suivre jusqu'au bout cette idée, nous ne dépendons pas de l'interprétation ci-dessus où l'on a pris le chiffre mille au sens d'un symbole d'une quasi-immortalité. Qu'elle soit valide ou non, on aboutit à un résultat semblable par une voie qui n'est pas soumise aux mêmes incertitudes. Car ce que le matériel généalogique manifeste, à coup sûr, c'est la conception d'un mouvement lent et graduel, d'un déclin par étapes, plutôt que l'idée d'une catastrophe totale et soudaine. Et une raison en est le sentiment que le commencement du monde fut un temps merveilleux, où les gens étaient grands et où se passaient des choses extraordinaires.

Rien n'en donne une meilleure illustration que la personnalité même d'Adam. À partir de la conception chrétienne traditionnelle d'Adam et du péché originel, on s'attendrait à voir Adam dépeint comme un pauvre diable et un misérable pécheur ; en fait, il y a nombre de traditions qui vont dans le sens contraire. À coup sûr, Adam a commis une grosse faute, il nous a tous entraînés dans le malheur, et pourtant, d'un autre côté, on le voit apprécié très positivement. Toutes sortes de légendes se sont développées qui le dépeignent comme un homme exceptionnel. S'agit-il par exemple de la taille de son corps (sujet sur lequel la Bible nous dit réellement peu de chose) ? Il était immense, son corps était si grand qu'il remplissait la terre entière : son nom même expliquait ce fait, car les quatre lettres du nom d'ADAM désignaient l'est, l'ouest, le nord et le sud : *anatolè*, *dusis*, *arktos* et *mesembria.* Après la désobéissance, il fut réduit à une hauteur de cent coudées [1]. Dans son « éloge des hommes fameux » Ben Sira (chap. 44) semble omettre Adam : la première personne dont il parle est

1. Voir le bel article de B. S. CHILDS, « Adam », dans *Interpreter's Dictionary of the Bible*, I, p. 43.

Énoch ; mais en fin de liste, après Zorobabel et avant d'en venir à un presque contemporain, Simon fils d'Onias, il retourne à son point de départ (49, 14-16) :

> Personne sur terre ne fut créé l'égal d'Hénock,
> c'est lui qui fut enlevé de terre.
> On ne vit jamais non plus naître un homme comme Joseph,
> chef de ses frères, soutien de son peuple ;
> ses os furent visités.
> Sem et Seth furent glorieux parmi les hommes,
> mais au-dessus de toute créature vivante est Adam.

Adam avait quelque chose de glorieux. Des traditions en ce sens se sont perpétuées dans le christianisme, nourries sans nul doute du texte biblique qui indiquait cette direction. Après tout Adam, même s'il a péché gravement, avait (il faut croire) transmis le récit tellement essentiel de sa propre chute. La généalogie de ses descendants montrait clairement qu'il avait survécu pendant beaucoup de générations, ayant ainsi pleinement l'occasion de répéter son histoire et de l'amplifier. Puisqu'il a vécu jusqu'à 930 AM, il était toujours là et enseignait encore au temps d'Énoch, de Mathusalem, et même de Lamek. Noé est le premier des antédiluviens à ne pas avoir connu personnellement Adam, mais nul doute qu'il n'ait entendu le récit authentique de la bouche de ceux qui l'avaient connu. Tout cela appartenait à la tradition théologique et culturelle de la chrétienté, non seulement au temps de la Réforme mais jusqu'au XVIIIe siècle et au-delà. Pour Luther, il était clair que tous ces gens avaient été de bons maîtres et théologiens ; ils formaient une espèce de succession apostolique primitive. Deutschmann, théologien de Wittenberg, déclarait que non seulement Adam avait été lui-même un théologien mais qu'il avait été un luthérien orthodoxe car son enseignement était pleinement en accord avec la Confession d'Augsbourg et la

Formule de Concorde [1]. C'est seulement à une époque relativement récente qu'on en est venu, même chez les plus conservateurs parmi les dévots de la Bible, à oublier cette façon vraiment très réaliste de considérer l'ancienne tradition chronologique.

La chronologie de Noé lui-même comporte des chiffres insolites. Alors que la plupart des autres personnes dans la généalogie ont eu leur premier fils à 130 ou 160 ans, Noé avait 500 ans, un demi-millénaire, quand il eut ses trois fils : Sem, Cham et Japhet. Ce chiffre de 500 peut difficilement ne pas avoir un sens. Cent ans encore passèrent avant le début du déluge. Après le déluge, il vécut encore 350 ans, et mourut à l'âge de 950 ans, lui aussi pas très loin des mille ans.

Il faut ajouter encore ceci. Nous parlons ici d'un schéma qui est dans l'ensemble, et pour user d'un terme insolite, « protologique » (l'inverse d'eschatologique). La révélation fondamentale de Dieu remonte au commencement des choses. On trouve déjà un point de vue semblable dans le fait que le Pentateuque jouit d'une autorité suprême : ce document en cinq livres va jusqu'à la mort de Moïse, et à ce moment-là tout ce qu'il valait la peine de savoir avait été déjà enseigné. Mais allant plus loin dans la même ligne, certaines traditions postérieures remontèrent encore plus loin, au-delà de Moïse, jusqu'à Énoch, jusqu'à Adam même. Les commencements du monde sont un temps où les choses sont bonnes et justes. Puis s'ensuit un lent, très lent déclin. Dieu réagit aux imperfections humaines en abrégeant la durée de la vie, comme dans le récit de la tour de Babel il réagit à l'ambition des hommes en confondant leur langage. Une expression de Gn 6, 3, bien qu'obscure, a donc sûrement ici sa place. « Mon esprit ne restera pas dans l'être humain pour toujours : parce qu'il est une

---

1. Voir H.-J. BIRKNER, « Natürliche Theologie und Offenbarungstheologie : ein theologiegeschichtlicher Überblick », dans *Neue Zeitschrift für systematische Theologie*, 3, 1961, 279-295 ; référence p. 282.

chair mortelle, il ne vivra que cent vingt ans » dit la REB. Peut-on traduire le verbe, en suivant la LXX, par *oú ṃè katameinè*, bien qu'il y ait incertitude sur le sens du verbe *ydwn* ? Mais la suite est claire : Dieu écourte la durée de vie qu'un homme peut raisonnablement espérer.

Où cela nous mène-t-il dans notre recherche ? Dans (au moins) deux directions différentes, semble-t-il. D'un côté, notre étude des traditions relatives à Noé et au déluge, et aux antédiluviens, leur temps et leur âge, a confirmé notre raisonnement sur le récit du jardin d'Éden : la question de la vie éternelle a joué un rôle actif dans la formation des premiers récits de la Genèse et a continué à jouer un rôle dans la lecture de ces récits. D'un autre côté, ces mêmes traditions s'enracinent très profondément dans la légende et la mythologie, et sont héritées, au moins en partie, de fonds extérieurs à Israël. Elles se sont certainement transformées en Israël, mais pas au point d'avoir perdu toute trace de leur existence antérieure. Ainsi Noé tel qu'il se présente dans la Genèse n'est plus en quête de l'arbre de vie, qui n'est pas du tout mentionné explicitement dans le récit, pas plus qu'il n'est parlé explicitement d'une quête de l'immortalité ou de la vie éternelle de la part de Noé. Son histoire, telle qu'elle figure dans la Genèse, est présentée davantage comme une expérience historique vraiment très insolite : avoir échappé à une catastrophe cosmique. Néanmoins, il ne paraît guère possible d'expliquer le récit sans recourir au type d'arrière-plan mythologique implicite que nous avons discuté.

Ce que nous avons vu dans l'histoire de Noé renforce l'une des hypothèses que nous avons faites, à savoir que la question de la vie éternelle ou de l'immortalité, telle qu'on la voit dans ces anciens textes, est pour beaucoup une question de *temps*, un temps qui peut être mesuré de façon chronologique. Le temps est à coup sûr plus important que la mort. La question de savoir si la mort sera vaincue, au sens où l'on reprendrait vie après la mort, n'est pas dominante. Pas davantage qu'on ne se pose sérieusement de problèmes à propos de l'âme et du corps.

Les mariages d'anges sont aussi un exemple intéressant d'un autre aspect général des récits sur les origines du monde et de l'humanité. De tels récits se rapprochent de la mythologie. Des lecteurs plus conservateurs se sont souvent opposés à cette opinion, mais les mariages angéliques montrent bien ce qui est en cause. Même les lecteurs les plus conservateurs, pénétrés qu'ils sont du principe que dans la Bible « on ne peut en prendre et en laisser », soulignent rarement l'importance de cet épisode. Comme je l'ai écrit dans un article, depuis les premiers temps « aucun des grands courants du christianisme n'a tiré grand parti des mariages angéliques, sur lesquels les hommes des temps bibliques paraissent avoir assez sérieusement peiné, et on les a laissés s'empoussiérer dans le débarras aux légendes périmées et dépourvues de sens ». En théologie, ils n'ont jamais constitué de bons instruments d'explication ; ils ne correspondaient à aucune expérience, mais au contraire, posaient un tel problème à la foi qu'on préférait ne pas en parler [1].

On n'avait pas de place en théologie pour cette espèce d'incarnation primitive négative dans laquelle des êtres semi-divins s'unissaient à des femmes ; c'est pourquoi on l'ignorait ou bien on la démythologisait en en faisant un épisode historique et humain ordinaire, comme l'ont fait tant Luther que Calvin. Pour eux, ce récit racontait comment des membres de la véritable église (enfants de Seth et donc « fils de Dieu ») commirent l'erreur d'épouser des femmes de la fausse église, celle de Caïn (des enfants de Caïn et donc des « filles des hommes ») : en fait de démythologisation, difficile d'aller plus

1. Voir J. BARR, « The Authority of Scripture : The Book of Genesis and the Origin of Evil in Jewish and Christian Tradition », dans *Christian Authority* (*Festschrift Henry Chadwick*, Oxford, Clarendon Press, 1988), p. 59-75 ; la référence est à la p. 74.

loin. Calvin connaissait l'interprétation correcte, rapportée par des sources patristiques, mais il la rejetait comme étant de « grossières divagations [1] ». Dans sa théologie, il n'y avait pas de tradition concernant une telle incarnation négative, et pas de place pour elle : comme d'un point de vue personnel il ne croyait pas à cette histoire, il en niait le sens obvie. En revanche, dans la Bible et les premiers temps du judaïsme post-biblique, elle avait une énorme importance.

Son importance lui venait en partie de ce qu'elle insistait sur le fait que le péché fondamental était la *violence*. Comme je l'ai souligné, il semble que le matériel vétérotestamentaire pour sa plus grande part considère la mort en relation *au temps et aux circonstances* plutôt que dans sa généralité métaphysique. Certains commentaires plus récents semblent en revanche considérer la mort en elle-même, quels que soient le temps et les circonstances, comme une chose terrible. He 2, 14-15 dit que l'intention de Jésus était « de réduire, par sa mort, celui qui a la puissance de la mort, c'est-à-dire le diable, et d'affranchir tous ceux qui, leur vie entière, étaient tenus en esclavage par la crainte de la mort ». L'intérêt que porte Paul au caractère universel de la mort, héritée d'Adam, semble appartenir au même monde d'idées. C'est un aspect de cet univers gréco-romain de pensée que l'idée et la crainte de la mort en elle-même, la mort universelle, pouvait être indépendante du temps et des circonstances. La peur de la mort paraît être une force presque métaphysique. Peut-être pouvons-nous ici apprendre, de ces vieilles légendes de l'époque du déluge, quelque chose d'intéressant. Car ce n'est pas la mort qui amena le déluge,

1. CALVIN, *Genesis* (Edinburg, Calvin Translation Society, 1847), p. 238. Il écrit : « Cette antique fiction, au sujet des rapports des anges avec des femmes, est largement réfutée par sa propre absurdité et il est curieux que des hommes savants se laissent proprement fasciner par des divagations si grossières et si prodigieuses. » Pour LUTHER, voir mon article « Luther and Biblical Chronology », *Bulletin of the John Rylands Library*, 72, 1990, p. 51-67.

mais *la violence* : la mort dans des circonstances données. La violence, en hébreu *ḥamas*, est un terme caractéristique chez ceux qui s'intéressaient particulièrement à cette époque ancienne. C'est de la violence que la terre était remplie, et c'est elle qui provoqua le déluge, châtiment et destruction.

L'intérêt de pareille réflexion vient des questions qu'elle soulève sur l'attitude chrétienne traditionnelle à l'égard de la mort. Dans le christianisme traditionnel, un paradoxe typique vient de l'insistance quasi métaphysique à dire que la mort, que toute mort, n'est pas chose naturelle ; que c'est le péché qui l'a amenée ; et cela se combine avec l'acceptation morale tacite que *la guerre* est (après la « chute ») chose pratiquement naturelle car elle a pour cause l'état perpétuellement pécheur dans lequel se trouve l'humanité. Il se pourrait en réalité que certaines des couches majeures dans la Bible (telles celles que nous étudions) témoignent d'une conception diamétralement opposée. La mort, simplement la mort en elle-même, toute mort, n'a rien que de naturel. C'est la violence qui accompagne si souvent la mort qui est aux yeux de Dieu une chose répugnante, contraire à sa volonté. La généralisation métaphysique de la mort, et l'incapacité qui en découle de distinguer entre une espèce de mort et une autre, ont eu dans notre tradition des conséquences très sérieuses. Certains, au moins, des textes des prophètes dans lesquels Dieu proclame son opposition à la mort, sa volonté de la vaincre, appartiennent au même courant prophétique qui exprime la répugnance pour la guerre et la nostalgie de la paix : ainsi Is 2, 4 et le parallèle en Mi 4, 3, Is 11, 7 ou plus encore 11, 9.

Dans son important petit livre, Cullmann insiste très longuement sur le caractère *horrible* de la mort de Jésus. À la différence de Socrate, qui regardait la mort comme une amie, et dont la mort fut une belle mort, Jésus « partage la crainte [humaine] naturelle de la mort [1] ». « Pour lui la mort n'est pas

1. CULLMANN, *Immortality of the Soul*, p. 21. Le contraste entre la mort de

quelque chose de divin ; c'est quelque chose d'effrayant [...]. Il a peur de la mort [...]. Jésus sait que, parce que la mort est l'ennemie de Dieu, mourir en soi signifie être totalement oublié [1]... » Et ainsi de suite. Certes, ces choses ne doivent en aucun cas être négligées ou ignorées. Mais franchement, il me semble que cette argumentation n'est ni honnête, ni réaliste, ni pleinement biblique.

En premier lieu, il semble irréaliste d'insister à ce point sur le caractère horrible de la mort de Jésus. Il ne fait pas de doute que la crucifixion est une mort terrible. Mais on ne peut guère dire qu'au point de vue de l'horreur la mort de Jésus égale ou même approche celle des Juifs dans l'Europe nazie ou celle de milliers de soldats et de civils des deux sexes durant les guerres mondiales, ou celle des prisonniers politiques en beaucoup de pays dans les temps modernes. Et en disant cela je n'exprime pas seulement mon jugement personnel, car les évangélistes eux-mêmes, s'ils dépeignent à coup sûr l'horreur effective de la scène, ne semblent pas insister sur cet aspect autant que le fait Cullmann. D'après eux, Jésus sait ce qu'il fait : il a fait un choix, il a un dessein, il est convaincu que derrière tout cela il y a la volonté de son Père. Il savait qu'il était dans le vrai. Ceux qui meurent dans des circonstances terribles n'ont pas tous ces sentiments pour les conforter.

Et en second lieu, en tout cas, quoique nous disions de la mort de Jésus, c'est faire preuve d'un manque total de réflexion que de supposer que ce qui est vrai de sa mort est vrai de « la mort » *in abstracto*, de toute mort. Bien sûr que non. Il s'agit ici d'une mort violente et due, en particulier, à

Socrate et celle de Jésus était un thème classique chez beaucoup des successeurs de la théologie dialectique. Pour le traitement de ce thème par un bibliste, voir Otto KAISER, « Der Tod des Sokrates » dans son ouvrage *Mensch unter dem Schicksal* (Berlin, de Gruyter, 1985), p. 196-205.

1. *Ibid.*, p. 21-24.

une gigantesque injustice : ce sont précisément les conditions dans lesquelles l'Ancien Testament voyait vraiment dans la mort quelque chose d'« hostile envers Dieu ».

Je crois que cela peut être très important. Les idées chrétiennes sur l'immortalité et la résurrection à venir sont dans une mesure considérable des idées élaborées pour répondre à la croyance en Jésus *sauveur*, pour rendre compte du besoin ressenti de *rédemption*. Puisqu'il est entendu que tous ont besoin de rédemption et puisque la rédemption est censée se faire par la mort, il est naturel de lier cette question avec le caractère universel de la mort chez l'homme. Mais c'est peut-être là, pour une part, la généralisation prématurée de quelque chose qui est en soi plus particulier. Je pense à la longueur, aux détails et aux particularités des récits de la Passion dans les Évangiles. Il est évident que la mort de Jésus en est le point culminant. Mais pourquoi cette longueur et ce luxe de détails, alors que tant d'autres récits sur Jésus sont cruellement courts ? Puis-je suggérer qu'il s'agit, non pas du fait général, universel, de la mort, mais la façon dont il est mort — victime d'un ensemble complexe d'injustices, de trahisons, de compromissions de mauvaise foi, de tractations politiques et de brutalités soldatesques ? C'est la façon dont cela s'est passé qui était en question, et c'est cela que transmettent les récits. Ce fut une mort par violence, conspiration et injustice. On perd quelque chose de cela quand on généralise en passant au caractère universel de la mort et de la vie.

Je ne prétends pas que ces idées sur lesquelles Cullmann s'appuie fréquemment, l'idée par exemple que la mort est l'opposition dernière à Dieu, ne se trouvent pas dans le Nouveau Testament. Mais, au détriment de son raisonnement et de toute sa façon de concevoir ces choses, ces idées qu'il tient pour centrales proviennent probablement, et dans une mesure considérable, de cette tradition philosophique grecque qu'il tient en telle abomination. Comme nous l'avons vu, l'idée que le péché a introduit la mort dans le monde est probablement le produit de l'interprétation hellénistique de l'Ancien Testament plutôt que la façon dont les textes vétérotestamentaires se comprennent eux-mêmes ; et qui plus est, l'idée que les gens étaient « leur vie entière tenus en esclavage par la crainte de la mort » repose sur une attitude métaphysique à l'égard de « la mort » qui est très éloignée de la Bible hébraïque. Il n'y a dans l'Ancien Testament aucun passage qui exprime pareille idée ou qui seulement s'en approche.

Puisque j'ai interprété le déluge de Noé et l'épisode des mariages angéliques qui le précède comme une sorte de « chute de l'homme », et en réalité davantage « chute de l'homme » que le récit d'Adam et Ève, je conclurai ce chapitre par quelques réflexions générales sur le problème théologique de cette « chute ».

En 1926, au point de départ de bien des idées qui allaient faire loi dans la théologie du XXe siècle, le périodique ecclésiastique suisse *Kirchenblatt für die Reformierte Schweiz* publia un débat animé dans lequel les principaux protagonistes étaient le spécialiste de l'Ancien Testament Ludwig Köhler et le dogmaticien à la réputation montante Emil Brunner [1]. Le sujet de leur dispute était ce même récit du jardin d'Éden que nous venons d'étudier. La discussion théologique récente, disait Köhler, avait beaucoup parlé de péché originel. Au vu de quoi, il estimait nécessaire de souligner que ce récit ne pouvait pas s'entendre en termes dogmatiques mais était un mythe étiologique. Il avait pour but d'expliquer une série de phénomènes de son temps : pourquoi le serpent n'a pas de pattes, mais rampe sur le ventre et se nourrit de terre ; pourquoi il y a une hostilité entre l'homme et le serpent ; pourquoi

1. Voir Henning Graf REVENTLOW, *Problems of Old Testament Theology in the Twentieth Century* (Londres, SCM Press, et Philadelphie, Fortress Press, 1985), p. 23 s. Les arguments essentiels de KÖHLER résumés plus loin se trouvent dans le numéro de KBRS du 8 juillet 1926, p. 105 s.

la femme enfante dans la souffrance et pourquoi elle désire son mari ; pourquoi le sol est maudit ; pourquoi les humains portent des vêtements, et pourquoi ils ont été chassés du paradis. Selon lui, c'est seulement à la suite des spéculations pauliniennes sur « Adam et le Christ » que tout cela était devenu la base de l'idée de « péché originel » dans les églises. Köhler ajoutait plusieurs arguments que j'ai moi-même mentionnés, par exemple l'absence de toute référence au récit d'Adam et Ève dans l'Ancien Testament et le manque d'intérêt de Jésus à son égard. Pour faire bonne mesure, il ajoutait encore que, pour Paul, il était essentiel de comprendre ce récit comme un « fait historique », et que les Réformateurs l'avaient suivi sur ce point. D'après lui, si l'on met en question le moins du monde ce rapport à l'histoire, ou si on le nie, toute la doctrine paulinienne du salut vole en éclats et la doctrine réformée du péché originel s'en trouve détruite.

Brunner, qui n'était pas homme à se laisser persuader facilement par ce type de discours, rétorquait que, si Paul n'était qu'un novice dans l'interprétation de la Bible, il préférait pour sa part s'asseoir au milieu des novices avec Paul à leur tête.

De cette controverse assez peu édifiante on peut retenir quelque chose en faveur de chacun des partis. L'explication étiologique du récit d'Adam et Ève n'était guère satisfaisante. On affirme que le récit a vu le jour dans le but d'expliquer des choses qui, pour les anciens Hébreux, étaient probablement assez évidentes, et ne demandaient pas d'explication, par exemple pourquoi les serpents n'avaient pas de pattes, pourquoi les femmes enfantaient dans la douleur, etc. Ce n'est pas sans raison que de telles étiologies apparaissaient comme réductionnistes : loin de culminer dans un aperçu profond sur le monde et l'humanité, elles aboutissent à quelque évidence sur telle particularité physique. D'un autre côté, ce n'est pas une objection contre l'explication étiologique en soi. À celui qui se refuserait à voir classer ce récit comme étiologique, on pourrait répondre que l'interprétation chrétienne traditionnelle était elle aussi étiologique. Car selon elle, le récit a pour but d'expliquer pourquoi les gens sont aussi malfaisants qu'on le constate. Cela aussi c'est de l'étiologie, mais à un niveau supérieur. C'est une étiologie du péché et de la mort. Par contraste, l'étiologie des spécialistes vétérotestamentaires de l'époque, comme Köhler, ne semblait pas porteuse d'une très profonde compréhension théologique. C'était l'étiologie de traits assez évidents de la condition et de l'environnement de l'homme, plutôt que de réalités théologiques profondes et autrement mystérieuses. Pour cette raison, elle n'entraînait pas vraiment la conviction. Mais l'interprétation que je propose, si l'on veut y voir de l'étiologie, ne prête pas le flanc à cette critique. Ce n'est pas une étiologie du péché humain universel, non plus que de la mort au sens où l'on donnerait l'explication de la façon dont la mort est entrée dans le monde. Mais ce n'en est pas moins l'étiologie d'une réalité théologique profonde, une étiologie de l'immortalité ou, pour être plus exact, de la non-immortalité. Elle raconte pourquoi l'homme s'est approché tout près de Dieu en fait de connaissance mais est demeuré mortel (comme il l'avait toujours été) en dépit de cette proximité. Ce n'est donc pas l'étiologie de certains traits mineurs et évidents de l'existence, mais bien une étiologie qui rend compte de réalités mystérieuses et profondes. Toutefois, j'admets que certaines interprétations étiologiques peuvent paraître théologiquement stériles, comme celle décrite plus haut l'a paru sans aucun doute à Brunner.

Quant à Brunner lui-même, il était sur un terrain bien peu solide lui aussi. C'est fort bien de dire qu'on va se ranger aux côtés de saint Paul. Mais il n'a pas même essayé de s'opposer aux sérieux arguments *exégétiques* avancés par Köhler, car il n'avait aucun moyen de le faire. Il est sûr que les explications étiologiques de Köhler avaient leurs faiblesses et pouvaient être écartées ; mais l'argument (que j'ai moi-même avancé dans ce livre) que les Hébreux n'avaient jamais utilisé le récit d'Adam et Ève pour expliquer le péché et le mal, et que Jésus non plus ne l'avait jamais utilisé en ce sens, est, lui, irréfutable. C'est fort bien de se gausser de la naïveté théologique des spécialistes de l'Ancien Testament, en y mêlant au passage d'outrageuses imputations de pélagianisme, mais Brunner trahissait son incapacité à fournir, à l'appui de sa thèse, le moindre fondement scripturaire solide tiré du texte de l'Ancien Testament. En fait, sa position signifiait l'abandon du témoignage de ce dernier : Brunner postulait, sans pouvoir le dire explicitement, que l'interprétation de Paul devrait être la bonne, qu'elle ait ou non à son appui le texte de la Genèse. En réalité, comme je l'ai montré, ce texte comporte bien des éléments qui ne peuvent être invoqués à l'appui de l'usage qu'en fait Paul sans en détourner le sens. Et comme je l'ai indiqué, il n'est pas difficile de proposer l'alternative d'une position intermédiaire : Paul ne donne pas de ce récit une interprétation en lui-même et pour lui-même ; en réalité, c'est *du Christ* qu'il donnait une interprétation au moyen des images du récit. Si l'on doit reconnaître quelque autorité au texte de l'Ancien Testament en lui-même et pour lui-même, on doit alors lui laisser la liberté et la possibilité d'exprimer son propre message ; et celui-ci peut, en principe du moins, être substantiellement différent de l'usage que Paul a fait d'un choix très limité des éléments qu'il contient, en les relisant à travers les perceptions et les postulats d'une culture postérieure très différente. Cela n'a pas de sens de parler de l'« autorité » de l'Ancien Testament si, de fait, on ne lui permet pas d'exprimer autre chose que ce que Paul, ou tout autre interprète plus tardif, a supposé qu'il disait. Ce que Brunner voulait dire réellement, c'est qu'il était bien déterminé à garder « la chute de l'homme » et « le péché originel », avec ou sans l'appui du texte de l'Ancien Testament. En ce faisant il parlait au nom de la théologie traditionaliste moderne, pour une grande part.

Nous l'avons noté, Köhler faisait remarquer que pour la doctrine paulinienne et réformée traditionnelle de la chute et du péché originel, il était essentiel que la chute d'Adam et

Ève soit un fait historique. La réponse de Brunner sur ce point[1] était essentiellement une leçon sur ce qui, selon lui, constituait « l'histoire ». D'après lui, l'« histoire » avait commencé avec et à partir de la chute *(« Die geschichtliche Welt — das was wir so kennen und nennen — beginnt diesseits des Urstandes als Folge des Falles »).* Brunner développait là un ensemble d'idées intéressant et très complexe, mais entièrement moderne. Cela ne constituait pas une réponse à l'argumentation de Köhler, parce qu'il ne s'agissait ni des idées de Paul, ni de celles de la Réforme, ni même de celles de l'ancienne tradition théologique. Brunner n'avait pas grand sens de l'histoire[2]. Les idées des Réformateurs sont tout à fait différentes de ce qu'il avance. Pour eux, l'histoire a commencé très précisément avec la création, et la vie d'Adam et sa chute s'inscrivent dans ce cadre. À cet égard, le « libéral » Köhler connaissait mieux les Réformateurs que le néo-orthodoxe Brunner. Il est donc certain, comme le voulait Köhler, que les anciennes conceptions de la chute et du péché originel s'étaient édifiées sur le postulat d'une chute historique, et si l'on ne tenait plus celle-ci pour un fait historique, alors ces conceptions ne pouvaient manquer d'exiger une correction.

Les problèmes sous-jacents à ces discordances sont probablement encore les nôtres. On peut penser que beaucoup de théologiens ont vaguement conscience de l'opinion des exégètes vétérotestamentaires sur Gn 2-3, mais qu'ils éprouvent de la difficulté à entreprendre de reformuler publiquement des

---

1. KBRS, 22 juillet 1926, p. 113 s.

2. Voir Christof GESTRICH *Neuzeitliches Denken und die Spaltung der dialektischen Theologie* (Tübingen, Mohr, 1977) ; il écrit p. 35 : « Mais BRUNNER était loin d'être ouvert à ce qu'on appelle "le caractère historique" de la vérité. Il avait une forte tendance à penser en structures intemporelles d'essence et à tirer des "formes de pensée" intemporelles du matériel de la théologie et de l'histoire des idées. Il est le représentant le plus résolument "anti-historique" de la théologie dialectique et, comme tel, il nous fait vraiment penser à ces penseurs rationalistes ou médiévaux peu préoccupés par l'histoire. »

doctrines traditionnelles, en particulier sur le point que j'ai considéré comme central, à savoir le caractère mortel d'Adam avant la chute et le caractère par conséquent naturel de la mort. Car il ne s'agit pas là simplement d'opinions sur un vieux texte, elles ont d'importantes répercussions sur notre appréciation de la condition humaine à présent et pour tous les temps. Il est difficile de prendre au sérieux l'idée que toute mort, en tous temps et en toutes circonstances, est due à une faute primordiale ; et ce d'autant plus quand on se rend compte que l'Ancien Testament n'offre nul appui à cette idée. De même, la croyance selon laquelle Dieu aurait réellement, pour une faute commise par deux êtres humains au commencement du monde, donné désormais la mort pour destin à toute l'humanité au long de l'histoire, a des conséquences consternantes sur l'idée qu'on se fait de Dieu.

Or je pense qu'on s'accorde dans la recherche vétérotestamentaire moderne pour dire que l'usage paulinien du récit (on doit parler d'usage plutôt que d'interprétation) ne concorde pas avec les réalités du texte. En ce sens, même si on considère que Brunner a, en 1926, balayé d'un revers de main le jugement de Köhler, des chercheurs compétents ont continué de conclure que Köhler avait raison, au moins négativement. Le récit d'Adam et Ève n'est pas l'histoire de la « chute de l'homme » au sens traditionnel. À la fin d'un exposé sur les grands courants de la recherche moderne, Sibley Towner déclare que « le point suivant fait l'unanimité » : « Il n'y a pas de chute dans l'Écriture, si l'on entend par chute le fracassement de l'image divine dans l'humanité, la perte de l'immortalité à un moment initial de l'histoire humaine, et la transmission inexorable du péché originel par les gènes humains depuis lors. Il n'y a pas de récit sur les origines du mal et pas de rencontre primordiale avec Satan [1]. »

---

1. W. Sibley TOWNER, « Interpretations and Reinterpretations of the Fall » dans F. A. EIGO, *Modern Biblical Scholarship : Its Impact on Theology and*

Mais alors, quel était le but du récit ? Si nous laissons de côté les interprétations étiologiques assez faibles mentionnées plus haut, nous rencontrons chez bien des interprètes une expression très générale, acceptable, mais aussi assez vague. « Pris comme un tout, écrit Gene Tucker, le récit a pour but de rendre compte de l'existence humaine, et particulièrement dans son état actuel, qui est estropié. » Le récit est, en son sens le plus large, « une tentative pour expliquer pourquoi les êtres humains expérimentent une tension entre leur existence et quelque autre réalité ou possibilité, entre ce qu'ils sont et ce qu'ils sont censés être ou auraient pu être [1] ». Et c'est très juste. « Quelque autre réalité ou possibilité [...] ce qu'ils auraient pu être » : c'est exactement ce que j'ai proposé. Mais je crois avoir mieux précisé et défini ce qu'était cette « autre réalité ou possibilité ». Il s'agit de l'immortalité : c'était là le point, un point de départ central à partir duquel beaucoup d'autres idées se sont développées. En réalité, on peut dire que Paul, dans son interprétation ou son contresens, dans la ligne de pensée qui est celle de la Sagesse de Salomon, donne bien une juste appréciation de ce fait même s'il s'est trompé dans son traitement du texte de la Genèse. La question, c'était l'immortalité, et l'humanité pour finir est devenue (ou restée) mortelle : la Sagesse, suivie par Paul et, plus tard, par les grandes traditions théologiques, l'a reformulée en disant que l'homme était immortel mais qu'il avait perdu l'immortalité. Comme je l'ai exprimé, il n'a jamais eu l'immortalité, mais il a eu l'occasion de l'avoir, et cette chance, il l'a perdue : ce n'est pas tellement différent.

Comme dit Towner, quand on a montré qu'il n'était pas question de chute dans ce récit, il reste « difficile de concevoir

---

Proclamation (Proceedings of the Theology Institute, l'université de Villanova, 1984), p. 81.

1. Gene M. TUCKER, « The Creation and the Fall : a Reconsideration », *Lexington Theological Quarterly*, 13, 1978, 113-124 ; citation p. 122.

l'humanité sans une chute[1] ». Tout à fait. Mais l'idée que l'humanité « est tombée » ne repose pas entièrement sur le récit de Gn 3. Si l'on a cru en « la chute », ou dans le « péché originel », ce n'est pas en raison de ce qu'on avait lu dans la Genèse mais pour d'autres raisons. Ces raisons peuvent avoir été déduites d'autres faits et principes reçus. C'est de cette façon que Paul lui-même raisonnait : par exemple, « nous sommes convaincus qu'un seul est mort pour tous : dès lors tous sont morts » (2 Co 5, 14). Si l'on peut raisonner de cette façon, alors on peut sûrement trouver dans la Genèse une confirmation ou une démonstration. Je pense que dans le monde moderne les raisons sont avant tout des faits d'expérience : expérience de l'échec, de la recrudescence du mal. Le « péché originel » constitue une formule qui permet d'intégrer cette expérience. Même s'il n'y avait pas le récit d'Adam et Ève, on pourrait par une telle procédure parvenir promptement à l'idée d'une « chute ». Dans le christianisme, l'idée d'une « chute » repose sur une base beaucoup plus large que l'histoire d'Adam et Ève. Pour la plus grande part du christianisme, le récit du jardin d'Éden a constitué non pas le motif sur lequel s'appuyait l'idée d'une chute, mais le mode selon lequel cette idée a été symbolisée.

Mais pourquoi cette « difficulté à concevoir l'humanité sans une chute » ? À coup sûr, uniquement parce qu'on suppose qu'à l'origine l'humanité était parfaite. Et pourquoi l'humanité devait-elle à l'origine être « parfaite » ? Gn 1 dit que tout ce que Dieu avait créé était « bon », mais cela reste en deçà de la perfection totale et de l'absence de péché. Une fois encore, on a lu « la perfection » en Gn 1 à cause de la typologie paulinienne du péché et de la mort. Dans la Genèse elle-même, cela n'y est pas. Ce que Dieu a déclaré « bon » c'est le monde créé tel qu'il est encore, ce sont les êtres humains mortels tels qu'ils sont toujours. Être « bon » veut dire que Dieu était

1. TOWNER, p. 82.

complètement satisfait de ce qu'il avait créé. Ce monde comportait, comme nous l'avons vu, des éléments comme les eaux, les ténèbres, qu'il n'avait pas créés, mais l'ensemble tel qu'il était était « bon ». Telle qu'elle était encore, bien plus tard, après le déluge, l'humanité était toujours « à l'image de Dieu », mais elle n'était sûrement pas « parfaite ». La « bonté » de la création et de l'humanité valait pour ce monde que la théologie traditionnelle considérait comme « tombé ».

Le fait est, semble-t-il, que l'humanité ne fut jamais « parfaite » et que, par conséquent, l'idée d'une « chute » est inutile. Nous devons plutôt penser que l'humanité était imparfaite dès le départ. Cela n'empêche pas que Dieu la considère à bon droit comme une « bonne » création. Son imperfection rend d'autant plus naturel qu'elle ait désobéi : tout le monde le fait. Si nous autres aujourd'hui voulons imaginer que nous sommes en continuité avec les êtres humains des origines, il vaut mieux que nous cessions de les considérer comme des personnes dotées de « la perfection ».

D'un autre côté, on pourrait dire que cette « chute » n'a jamais prétendu vouloir signifier autre chose que la perte d'une potentialité. On peut écarter l'idée qu'Adam était immortel et qu'il est devenu mortel ; mais même dans ce cas, s'il a eu la plus minime occasion d'acquérir l'immortalité et qu'il en a carrément été privé, ce fut encore une circonstance grandement déterminante pour l'existence humaine. Peut-être peut-on reformuler la « chute » de cette façon. Mais si on l'exprime de cette manière, cette idée prend un accent et une force vraiment très différents.

V

IMMORTALITÉ ET RÉSURRECTION. CONFLIT OU COMPLÉMENTARITÉ ?

Il est intéressant de noter combien les discussions sur notre sujet sont susceptibles aujourd'hui encore de soulever de passion et même de colère. Au début de sa préface, Oscar Cullmann écrit : « Aucune de mes autres publications n'a provoqué un tel enthousiasme ou une telle hostilité. » Un lecteur lui écrivit pour lui dire qu'alors qu'il se mourait par manque du pain de vie, Cullmann ne lui avait proposé que des pierres et même des serpents. Un autre voyait en lui une sorte de monstre qui se délectait à provoquer une détresse spirituelle. Il écrivait : « Monsieur Cullmann a-t-il une pierre à la place du cœur ? » Stendhal lui aussi connut des ennuis. « J'ai reçu à ce sujet davantage de courrier irrité que pour aucun autre de mes articles ou conférences », écrit-il. Il semble qu'il n'y ait pas de sujet plus dangereux à débattre que l'immortalité ; on devrait donner une prime de risque à ceux qui sont prêts à en parler. Stendhal dit qu'il peut comprendre pourquoi le sujet irrite tant de gens, mais il ne dit pas quelle en est la raison. Car, d'après lui, il s'est contenté d'aborder le sujet « sur la base d'une théologie biblique descriptive, sans emballement ». Je suis sûr que Cullmann pensait de même.

Il faut parler un peu de cette colère. Laissant de côté les

sceptiques et les railleurs, on peut sans doute diviser l'espèce humaine en deux grands groupes, les partisans de l'immortalité et ceux de la résurrection. Bien qu'aucun des deux savants que nous venons de citer ne le dise, il paraît probable que la colère exprimée à leur encontre est venue davantage des tenants de l'immortalité que de ceux de la résurrection. Ce sont les partisans de l'immortalité qui ont souffert dans ce débat. Ces deux savants voulaient, bien que de façon très différente, saper toute idée d'une immortalité de l'âme individuelle, et mettre en vedette le rôle central de la résurrection. Si cela a mis des gens en colère, c'est parce que des décennies, des siècles d'enseignement religieux leur avaient donné l'impression que l'immortalité de l'âme était au centre de la foi et de la morale chrétiennes. Il paraissait bien dur de s'entendre dire que cela ne faisait pas partie de la vraie religion, que c'était un héritage de la philosophie païenne, et d'ailleurs d'une philosophie erronée. Il y eut donc une réaction de colère.

Pour y faire face, Krister Stendahl suggère que la croyance en l'immortalité était défigurée parce qu'elle dépendait d'un intérêt excessif pour l'immortalité *individuelle*. Les gens sont, à son avis, intéressés d'une manière trop égocentrique à *leur* propre immortalité, au « pauvre petit moi » comme il dit, en répétant à satiété cette expression. D'autre part, ils veulent connaître avec certitude ce qui arrive après la mort, et c'est plus que nous devrions désirer : « L'immortalité et le souci de l'immortalité apparaissent beaucoup *trop petits*, trop égoïstes, trop préoccupés de soi ou même de sa famille, de sa race, de son espèce... Et l'immortalité c'est *beaucoup trop* car il y a une tendance à prétendre en savoir plus que ce qui est bon pour nous [1]. »

Ce qu'il faut, affirme-t-il, c'est quelque chose de différent :

1. STENDAHL, *Meanings*, p. 199. Ces mots font écho au titre de son article, « Immortality is Too Much and Too Little », p. 193-202.

« La question n'est pas : qu'est-ce qui va advenir de mon petit moi ? Vais-je survivre avec mon identité ou non ? La question est de savoir si la justice de Dieu l'emportera [...]. La résurrection répond à la question de la théodicée, c'est-à-dire la question de savoir comment Dieu peut l'emporter, la question d'un univers moral [1]. »

Nul doute que la résurrection ne réponde à ces questions, mais il ne s'ensuit pas pour autant que l'immortalité soit *uniquement* une question d'intérêt égoïste porté à sa propre survie. Car on peut répondre qu'il en va de même, en tout cas de la résurrection, dans la mesure où la résurrection concerne la destinée finale de l'individu. L'argument selon lequel la résurrection répond au problème de la théodicée nous oriente, fondamentalement, vers la résurrection de Jésus. Dans la mesure où la croyance en cette résurrection aboutit à l'intérêt porté à *notre propre* corps mortel et à ce qui va lui arriver, cet intérêt paraît sujet à critique, en tant qu'intérêt égoïste du « petit moi », au même titre que dans le cas de l'immortalité de l'âme. Dès lors, il nous faut chercher une solution en examinant à nouveau certains des aspects sous lesquels il peut y avoir relation mutuelle entre immortalité et résurrection.

En fait, il est facile de montrer la cause de la colère dirigée contre des savants comme Cullmann et Stendahl. En amoindrissant, voire en cherchant à abolir complètement tout intérêt pour l'immortalité de l'âme, ils niaient ce que beaucoup de personnes religieuses regardaient comme un des plus précieux héritages de leur foi. Rien de surprenant à ce que ces gens aient réagi avec consternation ou avec fureur. Mais on peut demander pourquoi la théologie moderne s'est élevée si fortement contre cet élément particulier de la croyance.

Ce grand changement dans la sensibilité théologique est essentiellement lié à la forte réaction au libéralisme théologique, représenté au premier chef par la théologie dialectique.

---

1. *Ibid.*, p. 197.

Un des points faibles du libéralisme, comme on finit par s'en apercevoir, était son imprécision au sujet de la résurrection. De quelle sorte d'événement s'agissait-il ? Prenons le cas tellement typique de von Harnack, dans les quelques pages qu'il consacre à ce sujet dans *What is Christianity ?* (Qu'est-ce que le christianisme ?). « Si la résurrection ne signifie rien d'autre, que, après la mort, un corps de chair et de sang revient à la vie, nous ne devrions pas nous attarder à cette tradition. » Le Nouveau Testament distingue lui-même entre le message pascal, les récits sur le tombeau vide et les apparitions de Jésus, et la foi pascale. C'est sur cette dernière que porte l'accent. La foi pascale peut et doit être maintenue même là où le message pascal est absent ou inconnu. Le Seigneur est esprit, dit Paul, et cela entraîne avec soi la certitude de la résurrection. Les formulations du message pascal sont devenues de plus en plus assurées et complètes, mais « la *foi* pascale est la conviction que le crucifié a remporté une victoire sur la mort ; que Dieu est juste et puissant, que celui qui est le premier-né d'une multitude de frères est encore vivant ». Paul fondait sa foi non sur des récits comme celui du tombeau vide, mais sur une révélation intérieure, « en moi », associée à une « vision ». Le tombeau vide n'était pas aussi important que les apparitions du Christ, mais ces dernières ne constituent pas pour la foi une base tellement sûre, puisqu'elles sont sujettes au doute historique et dépendent d'un « recours miraculeux à nos sens ». C'est pourquoi :

> Quoi qu'il ait pu se produire au tombeau et touchant les apparitions, une chose est certaine : *Ce tombeau a été le lieu de naissance d'une croyance indestructible en ce que la mort est vaincue, en ce qu'il y a une vie éternelle* [...] La certitude de la résurrection et de la vie éternelle qui est liée à la tombe dans le jardin de Joseph n'a pas disparu et sur la conviction que *Jésus est vivant* nous fondons toujours cette espérance de la citoyenneté dans une Cité éternelle qui rend l'existence supportable et digne d'être vécue. « Il a libéré ceux

que la crainte de la mort a tenus toute leur vie en esclavage », comme le confesse l'auteur de l'épître aux Hébreux. C'est là le point. Et bien qu'il y ait des exceptions, partout où, en dépit du poids de la nature, il y a une foi puissante en la valeur infinie de l'âme ; partout où la mort a perdu ses terreurs ; partout où les souffrances du présent sont mises en balance avec la gloire future, ce sentiment de la vie est associé à la conviction que Jésus-Christ a passé par la mort, que Dieu l'a réveillé et élevé à la vie et à la gloire [1].

En dépit de son éloquence, cette déclaration semble souffrir de bien des faiblesses. En particulier, elle paraît donner peu d'importance à la *réalité* de la résurrection corporelle et laisser la porte ouverte à la possibilité que la *foi* en la résurrection garde sa valeur même s'il n'était rien arrivé du tout au corps de Jésus. La façon qu'a von Harnack de relier son idée à celle de « la valeur infinie de l'âme » paraît le confirmer. Notable aussi, l'absence de toute explication sur la façon dont la résurrection de Jésus pourrait être complétée et achevée par la résurrection des fidèles chrétiens, dans la ligne de Rm 8, 11 : « Si l'Esprit de Celui qui a ressuscité Jésus d'entre les morts habite en vous, Celui qui a ressuscité Jésus d'entre les morts donnera aussi la vie à vos corps mortels par son Esprit qui habite en vous. » Les *credo* déclarent : « Je crois en la résurrection des morts [2] », et von Harnack ne semble pas accorder à cela toute sa valeur. En admettant, comme le veut von Harnack, la nature spirituelle et visionnaire de la croyance en la résurrection, et l'incertitude d'une foi fondée sur les narrations du « message », on éprouve le besoin de quelque chose qui donne une valeur plus positive à la résurrection *corporelle*. La résurrection corporelle, et il faut entendre la résurrection cor-

1. A. von Harnack, *What is Christianity ?* (New York, Harper, 1957), p. 160-163.

2. Ou plutôt « de la chair », ce qui dérange gravement Oscar Cullmann, voir *Immortality of the Soul*, p. 46.

porelle *de Jésus*, était perçue comme la question centrale et le point de conflit.

L'abandon de l'immortalité de l'âme au profit (plus ou moins exclusif) de la résurrection corporelle est apparu comme une contre-offensive majeure contre la position représentée par Harnack. L'humanité n'existe que dans et avec un corps, et cela vaut pour Jésus comme pour les autres. Même lui ne pouvait rien faire, rien être, sinon sous une forme corporelle incarnée. Il y avait certes des difficultés pour expliquer exactement ce qui s'était passé lors des épisodes d'apparitions rapportés dans les Évangiles, mais quoi qu'il ait pu se passer, cela a dû se passer dans et avec un corps. De même, une génération plus tard, Cullmann semble argumenter principalement contre la position de Bultmann : bien qu'il se sépare de la théologie dialectique et diffère par d'autres aspects de la position de von Harnack, Bultmann paraît lui aussi penser que la réalité de la résurrection réside pour l'essentiel dans la « décision » existentielle de foi ; il repousse comme « objectivation » impropre tout recours ultime à des données « positives », comme le tombeau vide ou des témoins dignes de confiance.

Le recours à la pensée hébraïque a joué un rôle important dans l'abandon de l'immortalité de l'âme. Ce recours à l'Ancien Testament donnait l'impression d'un pas dans la direction du conservatisme : car, une fois encore, on avait souvent reproché aux théologies libérales de minimiser l'importance de l'Ancien Testament, alors qu'un théologien classique de la Réforme, comme Calvin, mettait l'Ancien Testament absolument sur le même plan que le Nouveau. Fondamentalement, c'était un argument que dans le jargon théologique on appelle « anthropologique » : la nature humaine est telle qu'il n'y a pas d'« âme » séparable, et ce principe, qui apparaît clairement dans la Genèse quand le premier homme « devient » une *nephesh* vivante (Gn 2, 7) et non pas « a » une âme, est confirmé en de nombreux aspects du Nouveau Testament et il est normatif pour l'ensemble. En termes bibliques donc, parler d'immortalité de l'âme n'a pas de sens et, par conséquent, s'agissant de la résurrection du Christ, il faut insister bien plus sur la valeur théologique de sa nature corporelle.

C'était en partie un effort pour revenir à des orthodoxies anciennes, mais on se tromperait à n'y voir que cela. C'était également une assimilation de la modernité. Au niveau populaire, les gens ne s'intéressaient plus autant à leur âme immortelle. « Je pense qu'il est vrai de dire qu'un nombre croissant d'hommes et de femmes sont de moins en moins préoccupés de l'immortalité de l'âme, de la leur en particulier », écrivait Krister Stendahl en 1972 [1]. Et c'était vrai. Aux environs des années trente, la théologie s'était détournée de l'alliance avec l'idéalisme qui avait prévalu en bien des secteurs. En philosophie, bien des courants paraissaient se désintéresser de « l'âme ». On irait peut-être jusqu'à parler de « l'esprit », cela même n'était pas sûr, mais « l'âme » n'apparaissait plus comme quelque chose de nécessaire. En outre, on avait beaucoup de goût pour les vues « holistiques » sur la nature humaine : il ne s'agissait pas du composé d'un corps physique et d'une âme immatérielle, mais de l'enchevêtrement d'une unité, avec des interactions entre les aspects physique et mental. C'est ainsi qu'en psychologie moderne on pouvait parler de la *psychè*, en employant le même mot que la Bible grecque, mais apparemment il ne désignait pas la même entité que ce qu'avait été « l'âme » en christianisme traditionnel. Enfin, l'âme et l'immortalité avaient souffert de la réaction contre la théologie naturelle. L'une des fonctions évidentes de l'ancienne théologie naturelle était précisément ceci : on y faisait profession de démontrer, pour des motifs rationnels (par distinction avec les preuves scripturaires et autres arguments relevant de la révélation), l'existence de l'âme et son immortalité. La théologie moderne dans son ensemble s'était retournée contre toutes les entreprises de ce genre. En partie parce

1. Krister STENDAHL, *Meanings*, p. 198.

qu'elles ne semblaient plus efficaces. En partie parce que quand elles l'étaient, elles produisaient un effet fâcheux, contraire à la croyance chrétienne et non en sa faveur : car si l'on prouvait que tous les êtres humains avaient une âme, une âme immortelle, alors cela prouvait en même temps que, chrétiens ou non, tous jouissaient de ce privilège. Et bien sûr on voyait communément dans la philosophie grecque la principale source de la théologie naturelle traditionnelle. Et c'était de la pensée grecque qu'on avait hérité, en particulier, l'idée de l'âme et de l'immortalité. Se débarrasser de ces idées allait donc naturellement avec les attaques contre toute théologie naturelle. Ainsi, pour nous résumer, quand on se retournait contre l'immortalité de l'âme, il ne s'agissait pas tant de faire retour aux sources bibliques que de prendre en marche le progrès moderne — chose qu'on critiquait en même temps sévèrement dans la pratique de la théologie libérale.

Néanmoins, les attaques contre l'âme et l'immortalité continuaient et continuent encore à ce jour de passer pour un mouvement de retour à la Bible, à la Réforme, aux vérités centrales de la foi traditionnelle. Mais c'est exactement là que se trouve l'explication de la colère et de la passion dont parlent Cullmann et Stendahl. La façon dont la théologie moderne abordait le sujet minimisait et obscurcissait gravement le fait que le christianisme traditionnel, aussi bien catholique que protestant, avait fait sien ce point de vue non matérialiste et immortaliste fondé sur la pensée grecque, que les théologiens étaient à présent tellement pressés de reléguer dans un coin. Convaincus avec le reste du monde moderne que le corps et la personnalité allaient vraiment ensemble et que l'immortalité d'une âme désincarnée avait bien peu d'attrait pour quiconque, ces théologiens « trouvaient » dans la perspective hébraïque une conception plus acceptable de la personne humaine comme « totalité » : à partir de quoi ils prétendaient interpréter le Nouveau Testament.

Ce qui pourrait être tout à fait justifiable pourvu qu'on ne le présente pas simplement comme l'énoncé du christianisme traditionnel. Au contraire, la tradition chrétienne s'était investie dans l'aspect idéaliste, immatérialiste, de la philosophie grecque beaucoup plus largement qu'on n'était désormais disposé à le reconnaître.

C'est ainsi, par exemple, que la *Confession de Westminster*, document d'une extrême importance dans le protestantisme d'expression anglaise, admettait comme une évidence que l'âme humaine avait « une subsistance immortelle ». « Leurs âmes (qui jamais ne meurent ni ne sommeillent), dotées d'une subsistance immortelle, retournent immédiatement (après la mort) à Dieu qui les a données [1]. » Ce fait n'avait guère besoin de preuve [2] ; en douter aurait sans doute été une hérésie mortelle. Et parce qu'on le tenait pour certain, il marqua aussitôt

---

1. *Confession de Westminster*, chap. XXXII. Voir une discussion nuancée dans George S. HENDRY, *The Westminster Confession for Today* (Richmond, John Knox Press, 1960). Il s'agit du chapitre XXXIV dans la présentation de HENDRY.

2. Il est caractéristique que la Confession, en dépit du soin qu'elle met normalement à réunir des « preuves » scripturaires d'une doctrine, n'offre rien de tel pour la subsistance immortelle de l'âme. Pour la phrase citée, elle offre seulement deux passages : Lc 23, 43, où Jésus dit au larron « aujourd'hui tu seras avec moi en paradis », et Qo 12, 7, qui dit « l'esprit retourne à Dieu qui l'a donné ». Le passage de Luc montre certainement le transfert immédiat du mourant en présence de Dieu. Mais il ne prouve pas « la subsistance immortelle » de l'âme. C'est au mieux une déduction, et non une affirmation de l'Écriture. Cela ne prouve pas que toutes les âmes humaines ont cette subsistance immortelle, car Dieu pourrait avoir fait un miracle exceptionnel dans le cas du larron. La citation de l'Ecclésiaste montre bien que l'esprit retourne à Dieu, mais pas que cela constitue la subsistance immortelle : cela pourrait seulement vouloir dire que l'esprit est repris dans l'être de Dieu et cesse dès lors d'avoir une existence indépendante. Bien sûr, ce qui intéressait vraiment la Confession, c'était le passage *immédiat* des êtres humains à leur destin éternel, en d'autres termes, d'écarter toute idée d'un quelconque purgatoire. Aucun des passages cités, même dans les conditions du temps, ne démontrait la « subsistance éternelle ». Celle-ci était, comme je le dis, regardée comme un fondement manifestement essentiel de la religion, qui ne demandait ni démonstration ni preuve, même tirée de l'Écriture.

tout l'ensemble de l'eschatologie, puisque l'âme devait poursuivre sa vie sans le corps jusqu'à la résurrection générale, où les deux seraient à nouveau réunis pour le jugement final. En outre l'immortalité de l'âme allait bien, en la symbolisant, avec la conviction du primat et de la supériorité de l'immatériel sur le matériel, en quoi l'on voyait généralement une des doctrines centrales du christianisme. Tout cela ne pouvait s'oublier très vite.

Dans les conférences qu'il a données dans cette même série et auxquelles je dois tant, Simon Tugwell nous a bien dépeint les problèmes des diverses eschatologies, « à deux phases et à trois phases » comme il les appelle, susceptibles de se présenter dans le contexte de la théologie catholique traditionnelle. Il définit un système « à deux phases » comme celui qui comporte « cette vie et la vie future » ; un système « à trois phases » comme celui où l'on a « cette vie, la vie future et, si l'on peut dire, un après [1] ». Il y a derrière cela l'ambiguïté apparente du Nouveau Testament en ce qui concerne les espérances eschatologiques. D'un côté, on dira que le juste entre directement dans une communion éternelle avec Dieu : le texte clé étant la parole au larron en croix, « aujourd'hui tu seras avec moi dans le paradis » (Lc 23, 43) ; d'un autre côté, on affirme clairement qu'un « Jugement dernier » aura lieu *après* la venue du Fils de l'homme et, pensait-on, après la résurrection générale, comme l'expose clairement Mt 25. Pour venir à bout de cette difficulté, l'Église introduisit un ordre temporel de succession : il y avait d'abord l'un, puis l'autre, après un long espace de temps. Dans la théologie catholique, cela avait un sens, en ce qu'on pensait que certains au moins pourraient mettre à profit cet intervalle de temps pour accroître leurs mérites et améliorer leurs perspectives d'éternité. Les réflexions de Tugwell nous aident à clarifier notre réflexion,

1. Simon TUGWELL, *Human Immortality and the Redemption of Death* (Londres, Darton, Longman et Todd, 1990), p. 149.

et il paraît bon d'y apporter ici un complément protestant, en précisant la position de la *Confession de Westminster*, qui est un bon exemple de l'ancienne orthodoxie protestante.

Non seulement on y déclare que l'âme « a une subsistance éternelle », mais cela apparaît comme une évidence. La *Confession de Westminster* expose clairement ce qui arrive lors de la mort. Le corps périt mais l'âme, étant de subsistance immortelle, continue à vivre et, *immédiatement après la mort*, elle est soumise au jugement pour ses actions durant sa vie corporelle et envoyée au ciel ou en enfer selon le cas. Évidemment, les âmes n'étaient pas immatérielles au point de ne pouvoir souffrir (en particulier par le feu !). Plus tard, lors de la résurrection générale, l'âme est réintégrée dans son corps ressuscité afin de prendre part au grand Jugement dernier. Mais il semble que ce jugement, qui est certes un événement impressionnant et formidable, ne change rien, selon la *Confession de Westminster*, au statut éternel de chacun. Les malfaisants dont l'âme était déjà en enfer depuis le moment de leur mort y retournent à présent avec leur corps, et il en va de même pour les justes, mais au ciel.

L'importance, en ce contexte, de l'immortalité de l'âme est évidente. C'est sur elle que repose l'insistance sur le jugement individuel *immédiat* et le refus, en conséquence, de la doctrine romaine du purgatoire, refus qui était pour les calvinistes un article de foi essentiel. On ne pouvait absolument rien faire après la mort qui puisse affecter le destin éternel de quelqu'un. L'âme allait tout droit au ciel ou en enfer et rien ne pouvait rien y changer. La réunion avec le corps reconstitué serait une sorte de parachèvement ; la *Confession de Westminster* est confiante que ce seront « les mêmes corps, et non pas d'autres, mais avec des qualités différentes » : ceux des justes seront ressuscités « avec honneur » et rendus « conformes » au corps glorieux du Christ ; ceux des injustes seront ressuscités « pour le déshonneur ». Mais sur le point essentiel du ciel ou de l'enfer, de la béatitude ou de la damnation, on ne dit pas en quoi cela fait une différence. La réunion au corps pourrait, au plus, confirmer, et peut-être intensifier, ce qui avait déjà été décidé. L'immortalité pouvait être, ou ne pas être, une idée platonicienne, mais nul ne s'en souciait parce qu'elle fournissait un matériau essentiel à la plate-forme protestante.

Et ce n'est pas tout. L'immortalité de l'âme fournissait un précieux moyen de défense contre une autre erreur possible, à savoir l'idée que l'être humain pourrait être anéanti par la mort et, dès lors, échapper à certaines des peines du châtiment éternel. Cette opinion aurait pu en séduire certains, qui y trouveraient un encouragement à se donner du bon temps, sachant qu'à la mort ils allaient tout simplement s'éteindre et que rien de plus ne leur arriverait. Mais non ! La « subsistance immortelle » de l'âme assurait qu'ils continueraient pour toujours d'exister et qu'il n'y aurait pas de limite dans le temps à leurs peines et à leurs souffrances. Ainsi, pour nous résumer, l'immortalité de l'âme était un élément essentiel de la religion protestante traditionnelle, et cela jusqu'à une époque toute récente.

À cet égard, il est intéressant de comparer la *Confession de Westminster* proprement dite avec un commentaire moderne, pénétrant et compétent : je pense à celui qu'à donné mon ancien collègue George S. Hendry dans son livre *The Westminster Confession for Today*. Hendry, dans son beau travail, discute les questions que nous avons examinées, et considère avec bienveillance et pondération l'importance variable qu'on peut accorder à l'immortalité de l'âme et à la résurrection du corps [1]. Mais son lecteur ne peut manquer d'être intrigué par une contradiction apparente entre deux intentions différentes : a. expliquer ce que les auteurs de la *Confession de Westminster* eux-mêmes ont pensé et b. donner un commentaire moderne qui présente avec les mots d'aujourd'hui une conception théologique correcte de ces mêmes questions d'une façon

1. HENDRY, p. 243 s.

qui serait en harmonie et en continuité avec la *Confession de Westminster* tout en en différant en fait considérablement. Cette différence équivaut par moments à une totale contradiction, notamment dans les domaines que nous avons étudiés.

Par exemple, dans l'esprit de la théologie réformée moderne, Hendry souligne que « nous ne savons pas grand-chose », sinon rien, de la vie après la mort et de ses détails. L'espérance chrétienne n'est pas fondée sur des prédictions spécifiques de choses à venir. Nous n'avons rien que « l'espérance en Christ ». Ceci peut très bien être l'expression absolument exacte de sa propre attitude et de celle de beaucoup de chrétiens d'aujourd'hui, de la plupart peut-être. Mais ce n'est pas, me semble-t-il, ce que pensaient les auteurs de la *Confession de Westminster*. Ils n'avaient pas une conception aussi modeste. Ils savaient très exactement ce qui allait se produire, et ils le disaient. Ils auraient sans doute accordé que tout se ramenait à « l'espérance en Christ », mais à leurs yeux « l'espérance en Christ » fournissait effectivement un programme très précis des événements à venir. Certes, on ne connaissait pas tout : très sagement, la *Confession de Westminster* se montre réticente à propos du millenium par exemple. Mais, pour l'essentiel, le schéma est absolument clair : la personne est jugée immédiatement après sa mort ; l'âme continue d'exister en raison de sa « subsistance immortelle » et elle est envoyée à sa demeure éternelle, au ciel ou en enfer selon le cas. Plus tard, l'âme est réunie à son corps pour le jugement dernier, mais rien n'est dit de la différence que cela peut faire : tout ce qui se passe est la confirmation du jugement déjà prononcé à la mort, et l'âme, réunie à présent au corps, retourne au séjour éternel dans lequel elle était déjà depuis la mort. Tout cela est su et défini avec grande précision et aucune autre conception n'est autorisée.

Avec sagesse et gravité, le Dr Hendry résume le débat entre résurrection du corps et immortalité de l'âme, comme les discussions modernes en ont fait l'analyse [1]. Mais il ne me paraît pas éclairer le point essentiel concernant la *Confession de Westminster* proprement dite : le fait que pour elle il n'y avait pas de débat. L'immortalité de l'âme était, tout comme la résurrection du corps, un élément certain et absolu de l'essentiel de la foi chrétienne, aussi absolu en fait que la résurrection du Christ. La réalité de l'immortalité de l'âme est admise depuis le début et c'est, dans la perspective d'ensemble de la *Confession de Westminster*, une nécessité absolue.

Nul n'avait la plus petite notion que l'immortalité de l'âme puisse d'une certaine manière être considérée, pour des motifs bibliques ou de théologie chrétienne, comme en contradiction ou en rivalité avec la résurrection du corps.

Il semble en fait que l'immortalité de l'âme ait été l'aspect le plus important et de plus de conséquence. Le principe (stoïcien ?) selon lequel l'âme doit gouverner et soumettre les exigences et les passions du corps était au centre de la morale protestante traditionnelle, et maint passage du Nouveau Testament était interprété en ce sens. Certes — et cela était essentiel — Jésus était ressuscité physiquement des morts ; mais pour l'individu croyant, la relation de son âme à Dieu était centrale. C'était principalement de l'âme que Dieu s'occupait ; et c'était par leur âme que les hommes et les femmes connaissaient Dieu et en jouissaient. C'est bien ce que pensait Calvin lui-même : l'âme avait la primauté, le corps était « la principale source de l'humaine malice [2] ». Bouwsma a bien montré que son attitude à l'égard du corps n'était pas « biblique ». Et à propos de la résurrection de Jésus, il « déplorait la tendance

1. HENDRY, p. 245 s.

2. W. S. BOUWSMA, John CALVIN (New York, Oxford University Press, 1988), p. 80.

des chrétiens à se laisser davantage impressionner par cet événement charnel que par le relèvement de l'âme [1] ».

Rien ne montre mieux cela que la description du Jugement dernier par la *Confession de Westminster.* Comme le dit justement Hendry [2], la vigueur du texte en Mt 25 imposait qu'on en reconnût toute l'importance : voici ce qui se produira « quand le Fils de l'homme viendra dans sa gloire ». Mais la solennité que lui donne la *Confession de Westminster* le ramène presque aux dimensions d'une farce comique. Car tous les humains ont déjà été jugés et ont reçu leur sentence immédiatement après leur mort et leurs âmes sont aussitôt dans la béatitude du ciel ou les tourments de l'enfer. Tout ce qui se passe au Jugement dernier c'est que, par la Résurrection générale, elles sont réunies à leurs corps, puis elles retournent au ciel ou en enfer, suivant le cas. Il semble que leur forme corporelle ne change rien à leur situation ; tout au plus sert-elle à rendre plus intenses les plaisirs de la béatitude éternelle ou les souffrances du châtiment éternel. Vu ainsi, le Jugement dernier n'a pour personne d'autre effet radical que ce que chacun avait déjà reçu de toute façon.

Il devrait donc être évident que dans ce type de protestantisme traditionnel il n'y a ni conflit ni contradiction entre la résurrection du corps et l'immortalité de l'âme. Si l'une est essentielle, il en va de même pour l'autre. La résurrection corporelle de Jésus était naturellement essentielle pour le dogme et les doctrines sotériologiques centrales. Non moins centrale, pourtant, s'agissant des rapports entre la personne humaine et Dieu, la place occupée par certaines questions : le rôle de l'âme, celle-ci étant spécifiquement adaptée au contact et à la communion avec Dieu ; le primat de l'âme sur le corps, chose essentielle pour d'innombrables points de morale ; ou encore

---

1. *Ibid.* ; la référence donnée dans sa note 125 se rapporte au Commentaire sur Jn 5, 28.
2. HENDRY, p. 249.

l'immortalité de l'âme, fondamentale pour l'assignation *immédiate* de la personne à l'éternité du ciel ou de l'enfer — autant de questions considérées comme tout aussi importantes, voire plus encore.

Il est intéressant de revenir ici sur la position de John Baillie, déjà évoqué au chapitre I. Je disais que son livre est tout centré sur l'immortalité de l'âme et rédigé dans un style très platonicien : ce qui allait bientôt devenir un objet d'abomination pour beaucoup. Si la résurrection était une chose entendue, l'intérêt se portait avant tout sur l'âme. Cela ne veut pas dire pour autant, comme tant d'adversaires de l'immortalité l'ont supposé, que c'était un intérêt individuel et égoïste. Au contraire, et Baillie le fait bien voir, s'il existait quelque chose qui dépasse l'immortalité individuelle et une récompense plus grande, c'était dans une perspective *sociale* et *communautaire*. C'était là, je pense, sa façon d'expliquer ce que devait apporter de surcroît la réunion finale de l'âme et du corps. Baillie insiste, en soulignant le texte par des italiques : *« Il ne peut y avoir de consommation complète pour l'individu tant qu'il n'y a pas aussi consommation pour la société. »* C'est là, dit-il, « la signification réelle de l'idée du "Jugement dernier[1]" ». Il poursuit par un texte qui vaut d'être cité longuement :

> La doctrine orthodoxe, tant romaine que protestante, est que jusqu'au dernier jour les âmes des bienheureux comme celles des damnés demeurent *désincarnées*, bien que demeurant déjà dans ce qui doit être leur lieu de séjour définitif ; mais que le Dernier Jour il y aura une Résurrection générale dans laquelle les âmes des uns et des autres seront réunies à leur ancien corps. Cela bien sûr il a fallu l'enseigner, aussi longtemps qu'on enseignait aussi que dans la vie éternelle nous aurons ces mêmes corps de chair, de sang et d'os que nous possédons aujourd'hui (mais rendus incorruptibles) [...]. Mais la véritable signification de cette doctrine se découvre seule-

1. John BAILLIE, *And the Life Everlasting* (Londres, Faber and Faber, et New York, Scribners, 1933), p. 299.

ment quand on nous apprend que les esprits des bienheureux, tout en jouissant dès à présent de la béatitude céleste *substantiellement*, ne la posséderont *dans la plénitude de sa nature accidentelle* qu'après le Dernier Jour ; car la vraie raison de ce délai n'est pas réellement que jusque-là ils seront privés de corps, mais que jusqu'alors leur société sera encore incomplète.

Il continue en citant, de manière caractéristique, les propos du baron von Hügel : « Ce n'est pas assez que les individus soient immortels. » C'est donc que dans la vieille tradition l'immortalité de l'âme n'implique pas nécessairement un intérêt égoïste mesquin.

Je le répète donc : l'immortalité de l'âme a de profondes assises personnelles et ecclésiales, et, pour beaucoup, la fidélité à la religion comportait un attachement explicite à cette croyance. Il n'est donc pas surprenant que des savants comme Cullmann, qui tenaient pour antithétiques la résurrection du corps et l'immortalité de l'âme, aient rencontré une opposition considérable. Ils niaient non seulement une tradition de philosophie grecque, mais quelque chose de congénital dans la tradition entière du protestantisme classique. C'est le courant moderne, « holistique », centré sur le corps et sur la résurrection, qui est une innovation. C'est la raison de cette colère. Le présent ouvrage, où l'on suggère que la Bible témoignait à l'égard de l'âme et de l'immortalité un intérêt plus grand que ne l'ont voulu les modernes, provoquera peut-être une colère égale, voire plus grande, en sens contraire.

Qu'en est-il alors du litige opposant immortalité et résurrection, tellement central aux yeux de Cullmann et, après lui, de beaucoup d'autres ? Il pensait que les deux concepts étaient contradictoires : si peu que vous accordiez à l'un, l'autre en serait affaibli, voire ruiné. Mais Simon Tugwell, entre autres pénétrantes remarques, a fait observer que la « problématique » sur laquelle insiste Cullmann n'a sans doute jamais existé dans le Nouveau Testament ni dans la littérature chrétienne primitive : à quoi on peut ajouter qu'elle ne se trouve pas non plus dans les textes du judaïsme intertestamentaire. On ne peut trouver personne qui ait nié la résurrection sous prétexte qu'il croyait en l'immortalité de l'âme. Au contraire, on invoquait l'immortalité de l'âme (s'il arrivait qu'on l'invoquât) *à l'appui* de la croyance en la résurrection ; ou bien pour en déployer les implications restées vagues ; ou encore, comme je l'ai suggéré, on y voyait un stade dans le mouvement de pensée qui travaillait effectivement à *produire* l'idée nouvelle de résurrection. Car — pour ne citer qu'une seule raison parmi d'autres — si un corps était ramené à la vie, comment être sûr qu'il s'agissait de la même personne et non d'une réplique de son corps, sans qu'il existât de continuité à un plan non corporel ? Inversement, il ne paraît pas que l'existence de la philosophie grecque constitue en soi un obstacle empêchant d'admettre la résurrection ; et inversement, admettre la tradition juive n'amenait pas nécessairement à admettre l'immortalité ou ne fournissait pas une raison nécessaire pour en douter.

Un exemple peut venir à l'esprit du lecteur, c'est la réaction au discours de Paul sur l'Aréopage d'Athènes (Ac 17). Quand il en vint à parler de la résurrection d'un « homme » mort, certains de ses auditeurs grecs se mirent à « se moquer » ; depuis que le contraste moderne entre résurrection et immortalité est devenu de mode, il est facile de penser que telle était la cause de ce mépris : ces Grecs devaient croire en l'immortalité de l'âme et trouver absurde d'entendre parler de résurrection. Or, rien dans ce texte ne justifie cette idée. Rien n'indique que la moquerie ait été suscitée par leur croyance en l'immortalité de l'âme. Comme je l'ai fait observer il y a longtemps [1], pour autant que des philosophes aient pu être pré-

1. Dans *Old and New in Interpretation* (Londres, SCM Press, 1966 ; 2e éd., 1982), p. 54, n. 1. Voir aussi plus récemment *Biblical Faith and Natural Theology* (Oxford, Clarendon Press, 1993), chap. II.

sents à l'arrière-plan, c'étaient des stoïciens et des épicuriens, qui ne croyaient guère, ni les uns ni les autres, à l'immortalité de l'âme. En tout cas, si Paul a parlé avec des philosophes sur l'Agora, on ne dit rien de leur présence éventuelle sur l'Aréopage. Les stoïciens ne s'intéressaient pas tant à l'immortalité de l'âme totalement *séparée* qu'à la primauté de la volonté sur les passions et les faiblesses du corps. Si les flegmatiques administrateurs locaux de l'Aréopage ont ri à ce moment de l'argumentation de Paul, c'est probablement pour une tout autre raison : après un raisonnement, long et éloquent, du point de vue de la théologie naturelle [1], comment croire que la résurrection d'entre les morts d'un vague personnage dont apparemment personne ici n'avait entendu parler et sur qui l'orateur, du moins si l'on en croit le récit, n'avait fourni absolument aucune information, pouvait fournir une preuve concluante ? Le discours de Paul peut avoir ébahi les auditeurs pour le motif indiqué dans le texte, à savoir qu'ils s'attendaient à une manifestation d'un de ces bizarres cultes orientaux. La question de l'immortalité de l'âme ne se posait tout simplement pas. En tout cas, à cet égard, ces Grecs étaient tout à fait semblables aux Juifs dont la plupart, en dépit d'une mentalité très différente, ne voyaient pas non plus pourquoi ils seraient convaincus par des récits de cette résurrection particulière. À cette époque, la résurrection n'était pas encore pour les juifs une croyance normale ou obligatoire, comme on le voit clairement dans le Nouveau Testament même. Si les sadducéens ne croyaient pas en la résurrection, ce n'était pas parce qu'ils croyaient en l'immortalité de l'âme ; et même pour ceux qui croyaient que la résurrection viendrait, il ne s'ensuit aucunement qu'ils devaient pour autant ajouter foi aux récits de telle ou telle prétendue résurrection.

---

1. Sur la place qu'occupe ici la théologie naturelle, voir mon ouvrage *Biblical Faith and Natural Theology* et, plus anciennement, ma « Mowinckel Lecture », *Studia Theologica.*

Toute cette question de la philosophie grecque, qu'on a opposée si violemment à la pensée biblique, ne sera pas tant résolue par une réconciliation entre les deux que par un constat : ce n'est pas une question tellement importante. Comme je l'ai défendu ailleurs, le contraste entre pensée hébraïque (ou biblique) et pensée grecque n'est rien d'autre qu'un effort de la part de la théologie du XXe siècle pour projeter sa propre image dans la culture du monde antique. Il y avait de bonnes raisons pour que la pensée biblique se tienne à l'écart pour l'essentiel, de la tradition platonicienne à cet égard, mais ces raisons n'étaient pas celles que la discussion moderne a relevées avec insistance. D'abord, l'argumentation socrato-platonicienne en faveur de l'immortalité de l'âme reposait avant tout sur l'existence *éternelle* de l'âme, avant aussi bien qu'après, en fait davantage avant qu'après, puisque la connaissance dépendait de la fréquentation *préalable* des formes, qui feraient en cette vie l'objet du *souvenir*. On est loin de l'arrière-plan hébraïque, bien qu'on ne puisse pas affirmer que les deux traditions ne pouvaient pas se combiner en temps opportun [1]. Ensuite, comme Tugwell le montre bien, le conflit le plus fréquent entre les traditions judéo-chrétienne et platonicienne s'est produit à propos d'une question totalement différente, à savoir l'éventualité de la transmigration de l'âme et de sa réincarnation dans un autre corps ou une personne totalement autre, conception qui ne s'accorde ni avec le judaïsme orthodoxe ni avec le christianisme. Cependant cette idée s'est révélée viable et séduisante, même dans certains courants du judaïsme : il semble que Josèphe en crédite les pharisiens [2]. Il y avait donc des raisons substantielles pour empêcher la tradition judéo-chrétienne de trop s'impliquer dans le raisonne-

1. Voir R. MEYER, « Hellenistisches in der rabbinischen Anthropologie. Rabbinische Vorstellungen vom Werden des Menschen », *Beiträge zur Wissenschaft von Alten und Neuen Testament*, 76, Stuttgart, 1976.

2. JOSÈPHE, *Guerre juive*, 2. 163 ; 3. 374 ; *Contre Apion*, 2. 218.

ment traditionnel platonicien, même si cette tradition faisait sienne une bonne part des *conclusions* de ce raisonnement.

J'ai commencé cet exposé par une sorte de modeste promotion en faveur de l'immortalité : j'en ai fait le trait central et le thème du récit du jardin d'Éden, la rattachant aussi à la signification d'autres figures de l'histoire primitive comme Énoch et Noé. Il me paraît indéniable que cette façon de voir trouve de solides appuis dans les détails du texte de la Genèse. Mais cette manière d'aborder les choses a plusieurs ramifications. Avant tout, si elle est correcte, non seulement devra-t-on faire remonter au tout début de notre Bible l'intérêt pour une certaine forme d'immortalité mais encore lui donnera-t-on une position stratégique qui l'associe à maint développement à venir ; mais il s'avère difficile de faire tenir ces développements dans un récit historique cohérent.

En second lieu toutefois, une telle approche établit un lien entre les textes et les idées de la Bible et l'environnement antique, religieux et mythologique, d'où sont sortis Israël et ses traditions. Troisièmement, on déplace le centre de toute cette question en nous mettant en présence d'une troisième conception : non pas l'immortalité de *l'âme* (en tant que séparée du corps), non pas la résurrection des morts (après la mort, par opposition à la vie corporelle avant la mort), mais la poursuite de la vie, partage de cette « vie éternelle » qu'est la vie de Dieu, en se soustrayant au caractère inévitable de la mort, considéré comme normal pour l'humanité.

La première difficulté que va causer pareille conception en est évidemment l'aspect mythologique. La résurrection traditionnelle et l'immortalité traditionnelle ont toutes deux une sorte de réalisme physique. Si un corps revient à la vie, on peut continuer à vivre de nouveau. Dans le cas contraire, il peut y avoir une âme qui poursuit son existence indépendamment. L'une ou l'autre hypothèse, ou les deux, sont pour l'homme moderne, même pour l'homme religieux moderne, plus rationnelles et plus faciles à suivre que l'idée de simplement continuer à vivre pour toujours sans connaître la mort. Ainsi, même le plus avide des « dévots de la Bible », qui insistera avec véhémence sur la résurrection physique de Jésus, prise au sens le plus littéral, demeure peu bavard sur l'idée qu'Énoch est toujours là-haut, avec son corps d'origine, tout comme il l'était il y a six mille ans ou six millions d'années. Une « vie éternelle » de cette sorte fera promptement l'objet d'une totale démythologisation, et avant tout de la part de ceux qui sont le plus opposés sur d'autres points à pareil programme d'interprétation. En fait, il est fort possible qu'une démythologisation de ce genre se soit produite dans l'ancien Israël ; et cela fait partie du chemin par lequel nous en sommes arrivés à une idée de la « vie éternelle » marquée par la qualité plutôt que par la durée temporelle — ce qui précisément, pour Stendahl et pour beaucoup d'autres, constitue l'aspect le plus positif de la pensée biblique dans tout ce domaine.

Mais cette conception de la vie éternelle comme une « qualité de la vie » n'est pas le seul chemin qu'a suivi la pensée biblique. Elle a abouti aussi à la résurrection. En brossant le tableau à très grands traits, on pourrait dire : l'humanité a perdu cette lueur d'espoir d'une immortalité et donc la mortalité a continué à la limiter. Si l'on omet des exceptions extrêmes, comme pour Énoch, la seule possibilité d'avenir passe par la mort qui ne se peut contourner. Ajoutez à cela le poids du péché de l'homme et sa culpabilité — car même si Adam n'est pas le coupable, la culpabilité s'est largement accumulée au long de siècles d'existence humaine — et la nécessité du rachat. Nous avons ainsi, à un degré qui a de quoi surprendre, une sorte de piste par laquelle l'imagination remonte en arrière à travers l'Ancien Testament et se prolonge en avant jusqu'à la résurrection du Christ.

Mais un tel rattachement est-il vraiment désiré ? Il y a ici un paradoxe. Il ne fait pas de doute que des motifs apologétiques commandent les opinions exégétiques. Beaucoup de chrétiens conservateurs trouveront une consolation au moins momentanée dans la pensée qu'une ligne conduisant à la vie éternelle, peut-être même à la résurrection, existe bien dans l'Ancien Testament et remonte jusqu'à Adam. Jésus n'a-t-il pas dit que le Fils de l'homme devait être mis à mort et après trois jours ressusciter, en donnant nettement l'impression qu'il y avait des témoignages scripturaires en ce sens ? Vraiment, la résurrection n'est-elle pas l'accomplissement authentique de toute cette ligne d'attente ?

C'est malheureusement un argument à deux tranchants. Sans nul doute, si la théologie moderne a mis avec tant de force l'accent sur la résurrection au détriment de l'immortalité de l'âme, c'est sous des pressions apologétiques. On ne cherche plus à opérer avec des arguments rationnels susceptibles d'établir, de l'intérieur de la foi, que l'âme humaine était par nature immortelle. La résurrection est un événement, un acte historique à l'intérieur de l'histoire, et non un argument élaboré sur la base de prémisses et de raisonnements dialectiques. C'est le motif ultime de l'argumentation passionnée de Cullmann : la résurrection relève de la *Heilsgeschichte*, de l'histoire du salut ; l'immortalité de l'âme est à rejeter avec mépris parce qu'elle fait appel à des valeurs éternelles, immuables, intemporelles. Il est plus facile, dans le monde moderne, de croire au miracle absolu de la résurrection que d'examiner par un lent processus la destinée de l'âme et comment et quand elle peut être unie au corps.

C'est un des aspects : mais il y en a un autre. La résurrection paraît bénéficier au premier abord d'un appui ancien dans la Bible : il y a une ligne qui y conduit, elle est un accomplissement. Mais paradoxalement, plus elle prend cet appui, plus elle devient incertaine. Car plus on s'attend à ce qu'un grand chef religieux revienne à la vie après sa mort, plus cette attente peut expliquer qu'on en revendique l'accomplissement [1]. La résurrection a toute sa force quand il s'agit

1. On voit de plus en plus l'importance de ceci quand des articles de jour-

d'un événement miraculeux, absolu, complètement isolé. Lorsque l'on voit, dans l'Ancien et le Nouveau Testament, toutes sortes de personnes revenir à la vie, certaines pour mourir à nouveau après leur résurrection, à quoi s'ajoutent les nombreux saints qui sont ressuscités et sont apparus après Pâques, pour ne rien dire du transport au ciel d'Énoch et d'Élie, et peut-être d'autres encore, on peut ressentir quelques doutes. Bien sûr, tout cela ne *prouve* rien de précis à propos de la résurrection, mais modifie la façon dont on va probablement la considérer.

Les attaques modernes contre l'immortalité de l'âme ont eu souvent un effet dommageable sur l'interprétation du Nouveau Testament. Ainsi cette déclaration d'un exégète catholique respecté et prudent : « Pour lui [Paul] comme dans toute la Bible, l'âme créée par Dieu en même temps que le corps, est mortelle comme le corps. En réalité elle meurt du fait du péché. Si Dieu lui rend la vie par le pardon de la rédemption, ce n'est pas en libérant en elle une vie qu'elle posséderait naturellement, mais en recréant cette vie qui était entièrement perdue [1]. »

Affirmation pleine d'assurance et de certitude, dans un domaine où l'on pourrait souhaiter plus de nuances et de réserve ! Où trouve-t-on que pour Paul « l'âme est mortelle comme le corps » ? Il me paraît tout à fait improbable que telle ait jamais été sa pensée. Rien dans ses lettres ne me semble indiquer qu'il pensait que l'âme mourait en même temps que le corps. On peut se demander si cette affirmation ne reposerait pas sur les remarques de 1 Co 15, 42-54 sur les diffé-

---

naux rapportent des « découvertes » faites dans les manuscrits de la mer Morte, prétendant qu'un personnage légendaire aurait fait, ou devait faire, des choses très semblables à ce que Jésus est censé avoir fait. Certains prennent plaisir à ces rumeurs, en supposant qu'elles jettent le trouble chez les chrétiens.

1. Pierre BENOÎT dans P. BENOÎT et R. MURPHY, *Immortality and Ressurection* (New York, Herder and Herder, 1970), p. 112.

rents types de corps, le *sôma psuchikon* et le *sôma pneumatikon*. Le premier est « semé », le second est ressuscité. Mais cela n'entraîne pas nécessairement que l'âme « meure » avec le corps. L'idée peut être que l'âme continue de vivre et est transformée en « l'esprit » qui anime la transformation du corps. On peut penser à d'autres possibilités. En l'absence d'affirmation explicite disant que l'âme meurt avec le corps, la probabilité culturelle est massivement en faveur de l'inverse : l'âme continue de vivre, sauf là où la chose est niée clairement. Paul dit au verset 50 que « la chair et le sang » n'héritent pas du royaume de Dieu : ce sont précisément les entités qui n'incluent *pas* l'âme. Et où trouve-t-on qu'il en va ainsi « dans toute la Bible » ? La réalité c'est l'inverse : c'est la conviction qu'il y a là-dessus une façon de voir uniforme, « à travers toute la Bible », qui a fait attribuer à Paul une opinion qui pourrait bien être le contraire de ce qu'il croyait. Car j'ai déjà cité les paroles mêmes de Jésus en Mt 10, 28, avertissant de ne pas craindre ceux qui peuvent tuer le corps mais ne peuvent tuer l'âme, et de craindre plutôt celui qui peut détruire à la fois le corps et l'âme en enfer [1]. Ces paroles peuvent impliquer que l'âme est mortelle en ce sens qu'elle *peut* être tuée (mais non par une action humaine ordinaire) ; cependant, elles ne veulent certainement pas dire que l'âme est mortelle en ce qu'elle meurt simplement quand le corps meurt. Seul quelqu'un disposant d'un pouvoir très spécial peut tuer l'âme : Cullmann dit que c'est Dieu, mais il me paraît évident que c'est le diable. En tout cas, la mort de l'âme est quelque chose qui ne se produit pas aisément et

1. Voir ici p. 80 s. Voir CULLMANN, *Immortality*, p. 36. CULLMANN semble s'embrouiller sur ce point : il affirme que ce propos de Jésus « ne présuppose nullement la conception grecque » mais doit ensuite admettre la distinction de l'âme et du corps et dire que « l'âme est le point de départ de la résurrection [...] puisque [...] elle peut être déjà possédée par l'Esprit-Saint d'une tout autre manière que le corps ».

naturellement : et cela nous rapproche un peu de l'immortalité de l'âme. Si l'auteur de Matthieu pensait ainsi, pourquoi Paul n'aurait-il pu penser de même ?

Que la résurrection soit absolument au cœur du Nouveau Testament, cela va sans dire. Mais cela ne veut pas dire en soi que l'immortalité, ou l'immortalité de l'âme, s'en trouve niée ou marginalisée. On dit parfois que c'est à peine si l'immortalité est mentionnée dans le Nouveau Testament : on fait remarquer que le mot *athanasia* ne se rencontre que deux fois [1], une fois à propos de l'immortalité de Dieu, ce qui est hors de question, et l'autre en 1 Co 15, 53 disant comment la nature mortelle doit revêtir l'immortalité. Ce n'est peut-être pas dans ce dernier cas la pensée propre de Paul, dit Stendahl, mais c'est peut-être une citation de paroles d'autres personnes [2]. Cela est possible, mais cela me paraît plutôt être un principe que Paul accepte comme normatif — non pas quelque chose qui dériverait de la résurrection de Jésus mais quelque chose que l'on connaîtrait indépendamment.

En tout cas l'argument tiré du petit nombre de mentions, même s'il est vite nuancé, donne une impression tout à fait trompeuse. Stendahl dit d'ailleurs justement que la question n'est pas celle du nombre ; reste pourtant que si on doit mentionner le nombre de fois où le mot se rencontre, il faut préciser que le chiffre deux reste au-dessous de la vérité, même pour le Nouveau Testament. Car à côté de *athanasia*, il faut relever *aphtharsia* et *aphthartos* quelque six fois pour chacun (avec des problèmes de variantes), ce qui accroît considérablement le chiffre initial. Au premier regard, assez littéralement, ces mots paraissent signifier « incorruptible » et « incorruptibilité », ce qui peut donner à penser qu'ils s'appliquent plutôt à la chair qu'à des réalités immatérielles. Mais un examen un peu plus attentif montre qu'il n'en est rien. Dans la

1. STENDAHL, *Meanings*, p. 196.
2. *Ibid.*

plupart des cas, leur sens réel se situe dans le champ de « immortel » et « immortalité ». Ainsi Sg 12, 1 dit « Ton *aphtharton pneuma* est en toutes choses » — personne n'imaginait qu'un esprit divin puisse être corruptible, et ce qu'on veut dire, c'est qu'il est immortel. Il en va de même pour *kerugma* dans Mc 16, dans la finale courte, qui peut être authentique ou non, mais qui relève certainement de l'univers biblique. Rm 2, 7 signifie plus probablement l'« immortalité » plutôt que l'incorruptibilité de la chair, certainement aussi Ep 6, 24, sûrement encore quelques autre passages. L'immortalité est donc à coup sûr un concept important dans le Nouveau Testament.

En second lieu, nous devons prendre en compte les chiffres révélateurs qu'on trouve dans les livres considérés à présent comme apocryphes (par le protestantisme traditionnel). D'abord, pour tout ce qui touche à l'emploi des mots, il faut tenir compte des livres apocryphes : canoniques ou pas, ce sont des témoins valides de l'usage et, comme je l'ai souligné, certains au moins de ces livres ont une grande importance pour la pensée d'auteurs comme Paul. Dès qu'on ouvre la Sagesse de Salomon, ou *III* et *IV Maccabées*, on trouve une riche documentation. Le substantif *athanasia* se rencontre cinq fois dans la Sagesse et deux fois dans *IV M* ; l'adjectif *athanatos* une fois dans la Sagesse et trois fois dans *IV M*. De même, nous avons *aphtharsia* trois fois dans la Sagesse et deux fois en *IV M*, et *aphthartos* deux fois dans la Sagesse.

La Bible s'intéresse beaucoup, nous l'avons vu, à l'immortalité. L'immortalité *de l'âme* n'est pas la seule qui compte ; l'immortalité d'une personne qui évite la mort est une part importante de cet héritage.

Il n'est donc pas surprenant que certaines traductions utilisent « immortalité » dans des passages comme 2 Tm 1, 10 : le Christ « a détruit la mort et fait resplendir la vie et l'immortalité » (BJ). De même les différents passages où l'on parle de ce qui est corruptible revêtant l'incorruptibilité se rattachent à un texte comme 1 Co 15, 53, qui dit que « il faut que cette [nature] mortelle revête l'immortalité ».

De plus, en dépit de tous les recours au concept hébraïque de totalité, on pourra noter de nombreuses distinctions entre l'âme et le corps, le corps, l'âme et l'esprit, et ainsi de suite. L'« anthropologie » d'un Paul est très complexe et je ne voudrais pas me risquer à essayer de la résumer. Mais je peux dire au moins que pour un spécialiste de l'hébreu elle paraît très étrangère au monde vétérotestamentaire ; et qui plus est, c'est dans son recours à la terminologie du corps et de la résurrection que cela apparaît de la manière la plus évidente.

Qui en effet entreprendra de nous expliquer comment *sôma psuchikon* et *sôma pneumatikon* sont des concepts caractéristiques fondés dans l'usage de la Bible hébraïque ? Le mot même de « corps » *(sôma)*, le terme central mis en évidence ici, n'existe guère comme terme pertinent dans l'Ancien Testament : il est notoire qu'il n'existe pas en hébreu classique sinon marginalement. Seul l'hébreu tardif, à la période hellénistique, connaît un tel terme. *Nebalah* désigne le cadavre et ne peut s'utiliser pour un corps vivant. Le terme caractéristique le plus voisin est *basar*, « chair ». Il est à noter que certaines formules de *credo* emploient ce mot : « Je crois en la résurrection de la chair. » À ce propos, Cullmann dit : « Paul ne pouvait dire cela. La chair et le sang ne peuvent hériter du Royaume. Paul croit en la résurrection du *corps*, non de la *chair*[1]. » Mais à le prendre au sérieux, ce raisonnement prouve seulement qu'il y a une distance entre Paul et la Bible hébraïque : les *credo* qui en ont fait usage étaient plus près d'elle. Un coup d'œil sur l'usage de la Septante renforce encore ce point : dans l'Ancien Testament grec, le terme *sôma* domine dans les apocryphes. Dans les grandes sections du canon hébreu, si l'on omet les endroits où le mot rend l'hébreu pour « cadavre » comme en 1 R 13, il est tout au plus sporadique :

1. CULLMANN, *Immortality*, p. 46.

on en trouve un groupe dans le Lévitique, principalement au chapitre 15, partout en liaison avec les ablutions rituelles ; autrement, il n'y en a que quelques exemples. Daniel l'utilise quelquefois, son araméen ayant un terme normal pour « le corps ». Le livre dans lequel *sôma* est le plus courant est Job avec une douzaine de cas, la plupart sans équivalent bien clair dans l'hébreu : c'est-à-dire qu'ils sont dus au style assez libre du traducteur. Mais si nous nous tournons vers les « apocryphes » nous trouvons dans la Sagesse cinq cas ; dans Ben Sira, onze ; dans l'ensemble des Maccabées, une trentaine. Par sa préférence pour *sôma*, Paul se situait clairement dans le contexte de l'usage juif hellénistique.

On aurait envie de dire que Paul semble ignorer totalement qu'il était censé utiliser les concepts hébreux de totalité. Certes, il faut lire Paul avec à l'esprit l'arrière-plan hébreu, mais il ne faudrait pas que cet arrière-plan (celui des temps anciens de la Bible) fasse oublier ce que les textes expriment de façon obvie. J'ai déjà mentionné plusieurs possibilités : que la pensée juive ait évolué par rapport aux idées des temps bibliques antérieurs ; ou que dans bien des domaines, la façon qu'a le Nouveau Testament de concevoir l'humanité provienne peu ou prou *(horribile dictu)* de l'arrière-plan hellénistique ; ou encore que la pensée grecque, en dehors de la stricte tradition platonicienne, n'ait jamais été diamétralement opposée à la pensée hébraïque. Ce qui n'est pas acceptable, c'est qu'au nom d'une représentation douteuse de la pensée hébraïque, on s'efforce de passer outre au sens assez obvie du grec du Nouveau Testament. Il est certain que le Nouveau Testament dit assez peu de choses qui touchent, directement et spécifiquement à l'immortalité de l'âme ; mais il mentionne *l'immortalité* un nombre raisonnable de fois ; et a sûrement conscience que ce qui concerne le corps et ce qui concerne l'âme peut prendre un cours différent. Il n'est pas tellement surprenant que les anciennes traditions théologiques en aient tiré leurs conclusions.

Nous avons vu que l'Ancien Testament et la pensée juive postbiblique avaient laissé ouvertes diverses questions : l'immortalité de l'âme, la résurrection du petit nombre, la résurrection générale, pas de résurrection du tout, la « vie éternelle » obtenue et goûtée ici et maintenant, et d'autres thèmes eschatologiques. L'intérêt particulier porté à la résurrection, caractéristique du christianisme, apparaît tardivement et semble être associé au martyre [1]. Cela n'est pas surprenant puisque le message spécifique du christianisme est centré sur un homme qui a souffert une mort semblable au martyre, suivie par d'autres martyrs, et dont on croyait qu'il avait été ramené à la vie par Dieu. Il est possible qu'une telle concentration de l'intérêt ait laissé inexprimées un grand nombre d'autres conceptions, du simple fait qu'elles étaient des postulats culturels. En outre, comme on l'a dit plus haut, s'agissant des réflexions suscitées par les martyrs, il faut noter que, plus que toutes autres, elles combinaient la notion de résurrection du corps avec celle de l'immortalité de l'âme, et ce pour des raisons qui ont été brièvement décrites plus haut [2].

Ce sont peut-être les réalités de la souffrance et de la mort qui ont fait comprendre cela. Les morts restent des cadavres. S'il doit y avoir une résurrection, elle doit être régie par un schéma temporel. Mais les martyrs quittaient-ils simplement l'existence jusqu'à ce que, dans un avenir lointain, leurs corps soient recréés ? Ce n'est guère admissible et, selon une tradition bien établie, les disparus paraissaient aussitôt en la divine présence.

Il faut encore ajouter ceci : si pour les chrétiens la résurrection de Jésus est le plus grand des miracles accomplis par Dieu, pour les aspects intellectuels de notre étude elle rend en fait les choses un peu plus faciles. C'est sans nul doute une des raisons pour que la résurrection soit devenue à l'époque

1. Déjà ci-dessus p. 94 s. Voir STENDAHL, *Meanings*, p. 197.
2. Ainsi que dans *Old and New in Interpretation*, p. 52 s.

moderne un tel centre d'intérêt. La résurrection de Jésus est intellectuellement plus facile à affronter, pour des raisons liées au temps : avant tout, elle est, pour nous tous, située dans le passé. Il y a longtemps qu'elle est achevée et complète. En second lieu, l'intervalle entre la mort et la résurrection a été extrêmement bref, moins de quarante-huit heures. Personne n'avait eu le temps de se demander ce qui lui était arrivé ou ce qu'il en avait été du destin de son âme par rapport à son corps. Et ce d'autant plus que, si nous suivons les récits évangéliques, personne n'avait envisagé l'éventualité de sa résurrection, ou même de quelque type de survie plus limitée, avant que sa résurrection se soit produite. Elle peut bien être un défi pour la foi, mais intellectuellement il est relativement facile de la définir en fonction des questions que nous avons discutées. Les problèmes se compliquent dès qu'on commence à penser à d'autres personnes. La résurrection de Jésus est censée avoir un impact sur ce qui arrivera à d'autres gens. Mais ces autres personnes sont mortes, ou bien elles mourront, et l'on peut craindre que la résurrection générale n'ait lieu que dans très longtemps. Le temps chronologique revient une fois de plus dans notre recherche.

Le temps chronologique intervient aussi d'une autre manière. L'importance donnée à la résurrection est venue pour une part de l'idée que le temps de la fin était déjà là, et que la résurrection générale appartenait à ce temps. Dès lors, pour les fidèles autres que Jésus il n'y avait pas de grand problème, puisque la fin du monde allait venir sous peu. « Il en est d'ici présents qui ne goûteront pas la mort avant d'avoir vu le Royaume de Dieu venu avec puissance » (Mc 9, 1 ; voir Mt 16, 28, Lc 9, 27). Cette façon de voir dissuade de se soucier de la résurrection individuelle et, davantage encore, de l'immortalité de l'âme. Il en devient moins surprenant de trouver si peu de chose sur l'immortalité dans le Nouveau Testament. Mais il en va autrement avec le passage du temps. Des documents plus récents trahissent la préoccupation née du fait que la parousie ne s'est pas matérialisée. D'autres parlent de la « vie éternelle » comme d'une qualité de la vie à goûter dès à présent, mais comme je l'ai dit, c'est là quelque chose qui pouvait finalement se transformer en idées d'immortalité. Une fois l'Église sortie de la période néotestamentaire, l'intérêt porté à l'immortalité de l'âme s'accroît rapidement — même en un sens tout platonicien, à ceci près que l'immortalité n'est pas intrinsèque à la nature de l'âme mais dépend du vouloir de Dieu [1].

Pour la théologie traditionnelle, Gn 3 ne contenait pas seulement l'histoire de la chute : bien que la conscience ecclésiale moderne l'ait bien oubliée, du moins dans le protestantisme, ce chapitre contenait aussi le *Protévangile*, la Première Promesse, exprimée dans ces paroles adressées au serpent : « Je mettrai une hostilité entre toi et la femme, entre ton lignage et le sien ; il t'écrasera la tête, et tu l'atteindras au talon » (Gn 3, 15).

Malheureusement, d'après les savants modernes il n'y a pas là de *Protévangile*, pas de promesse d'une lutte future avec le mal, pas de promesse d'un salut final. Calvin lui-même minimise de telles espérances [2]. Soit. Néanmoins, d'après l'interprétation que j'ai proposée, il pourrait bien y avoir un *Protévangile* dans ce passage, même s'il ne se trouve pas dans ces paroles adressées au serpent. La vraie Première Promesse se trouve ailleurs dans ce texte : elle se trouve dans la mention de l'arbre de vie. L'arbre de vie devient inaccessible aux humains ; mais il continue d'exister. Il demeure possible que, dans un temps éloigné, l'accès à l'arbre de vie soit à nouveau

---

1. Maurice WILES, *The Remaking of Christian Doctrine* (Londres, SCM Press, 1974), p. 129.

2. Voir WESTERMANN, *Genesis 1-11*, p. 260-261, qui repousse brutalement toute suggestion de ce genre. Il est intéressant de noter qu'il mentionne que, parmi les exégètes anciens, CALVIN était des plus réservés sur l'interprétation christologique de ce texte.

libre. On sent de temps en temps dans des textes bibliques la suggestion d'une telle immortalité.

> C'est pour vous en effet que
> le paradis a été ouvert,
> l'arbre de vie planté,
> le siècle futur apprêté...

dit Esdras (*IV Esdras*, 8, 52[1]). Et tout à la fin du Nouveau Testament, dans Ap 22, 2 le voyant de même voit l'arbre de vie « dont les feuilles sont pour guérir les nations » — *les nations*, plutôt que les individus, et que « le monde » dans son ensemble. Souvenons-nous que les nations sont par excellence les unités *combattantes*.

L'immortalité était donc à l'ordre du jour dans la Bible dès les origines, avec Adam et Ève. Au jardin d'Éden il y avait l'arbre de vie. Le couple humain faillit bien accéder à cet arbre, mais Dieu l'en empêcha ; plus personne ne devait entrer dans le jardin et les chérubins avec l'épée de feu en gardaient la porte. L'humanité était incapable de s'approcher de l'arbre. Néanmoins, l'arbre resta là, dans le jardin. Plus tard, quelqu'un vint racheter ce défaut de l'humanité. L'immortalité était dévoilée.

---

1. H. C. C. CAVALLIN, *Life after Death. Paul's Argument for the Resurrection of the Dead in 1 Cor 15* (Coniectanea Biblica, New Testament Series 7, 1, Lund, Gleerup, 1974), p. 81. La trad. fr. de *IV Esdras* est celle de Pierre PRIGENT dans *La Bible*, t. III, *Écrits intertestamentaires*, Paris, Gallimard, coll. « Bibl. de la Pléiade », 1987.

Bibliographie

« Afterlife », dans *Encyclopaedia Judaica* (Jérusalem, Keter, 1971) II, 336-369 (l'auteur n'est pas précisé ; la signature « ED » désigne d'après I, 16 « un éditeur interne » : on peut penser à Gershom SCHOLEM ou à Cecil ROTH).

ALDWINCKLE, R. F., *Death in the Secular City* (Grand Rapids, Eermans, 1974).

ALLEN, D. C., *The Legend of Noah : Renaissance Rationalism in Art, Science and Letters* (Urbana, University of Illinois Press, 1963).

BADHAM, P., *Christian Beliefs about Life after Death* (Londres, SPCK, et New York, Barnes and Noble, 1978).

BAILEY, Lloyd R., *Noah : the Person and the Story in History and Tradition* (Columbia, University of South Carolina, 1989).

BAILLIE, John, *And the Life Everlasting* (Londres, Oxford University Press, et New York, Scribners, 1933).

BARR, J., *The Semantics of Biblical Language* (Londres, Oxford University Press, 1961 ; rééd. Londres, SCM Press, 1983) ; trad. : *Sémantique du langage biblique*, Bibl. de sciences religieuses, Paris, 1971 ; rééd. Paris, Éd. du Cerf, coll. « Initiations », 1988.

—, *Biblical Words for Time* (Londres, SCM Press, 1969).

—, « The Symbolism of Names in the Old Testament », *Bulletin of the John Rylands Library*, 52, 1969-1970, p. 11-30.

—, *Old and New in Interpretation* (Londres, SCM Press, 1966, 1982).

—, « Philo of Byblos and his "Phoenician History" », *Bulletin of the John Rylands Library*, 57, 1974-1975, p. 17-68.

—, « The Authority of Scripture : The Book of Genesis and the Origin of Evil in Jewish and Christian Tradition », dans *Christian Authority* (*Festschrift* en l'honneur de Henry Chadwick, Oxford, Clarendon Press, 1988), 59-75.

—, « Why the World was created in 4004 B.C. : Archbishop Ussher and Biblical Chronology », *Bulletin of the John Rylands Library*, 67, 1984-1985, 575-608.

—, *Biblical Chronology : Science or Legend ?* (Ethel M. Wood Lecture, Londres, Athlone Press, 1987).

—, *Holy Scripture : Canon, Authority, Criticism* (Oxford, Clarendon Press, 1983).

—, « Luther and Biblical Chronology », *Bulletin of the John Rylands Library*, 72, 1990, 51-67.

—, « "Thou are the Cherub" (Ezekiel 28, 14) », à paraître dans un *Festschrift* qui sera publié bientôt.

—, *Biblical Faith and Natural Theology* (Oxford, Clarendon Press, 1993).

BARRETT, C. K., « Immortality and Ressurrection », *London Quarterly and Holborn Review*, 190, 1965, 91-102.

BARTH, C., *Die Errettung vom Tode in den individuellen Klage und Dankliedern des Alten Testaments* (Zollikon, Evangelischer Verlag, 1947).

BARTH, Karl, *Church Dogmatics*, vol. III-2 (Edinburg, T. & T. Clark, 1960).

BENOÎT, P. et MURPHY, R., *Immortality and Resurrection* (New York, Herder and Herder, 1970).

BERGER, Klaus, *Die Weisheitsschrift aus der Kairoer Geniza* (Tübingen, Francke, 1989).

BIRKELAND, H., « The Belief in the Resurrection of the Dead in the Old Testament », *Studia Theologica*, 3, 1949, 60-78.

BIRKNER, H.-J., « Natürliche Theologie und Offenbarungstheologie : ein theologiegeschichtlicher Überblick », *Neue Zeitschrift für Systematische Theologie*, 3, 1961, 279-295.

BLOOM, Harold (avec David ROSENBERG), *The Book of J* (New York, Weindenfeld, 1990).

BONHOEFFER, Dietrich, *Creation and Fall* (Londres, SCM Press, 1959).

BOUWSMA, W. J., *John Calvin* (New York, Oxford University Press, 1988).

BOYARIN et SIEGEL, « Resurrection, Rabbinic Period », *Encyclopaedia Judaica*, 14, 1971, 98-101.

BRAINE, D., *The Reality of Time and the Existence of God* (Oxford University Press, 1988).

BRANDON, S. G. F., « The Origin of Death in some Ancient Near Eastern Religions », *Religious Studies*, 1, 1965, 217-228.

BRATSIOTIS, N. P., « *Nepheš-Psychè*, ein Beitrag zur Erforschung der Sprache und der Theologie der Septuaginta », *VTS* 15, 1966, 58-89.

BREMMER, J., *The Early Greek Concept of the Soul* (Princeton, 1983).

BRIDGES, J. T., *Human Destiny and Resurrection in Pannenberg and Rahner* (New York, Lang, 1987).

BURKERT, Walter, *Homo Necans* (University of California Press, 1983).

—, *Greek Religion* (Oxford, Blackwell, 1985).

—, *Ancient Mystery Cults* (Cambridge [Mass.], Harvard University Press, 1987).

CADBURY, Henry J., « Intimations of Immortality in the Thought of Jesus », dans *Immortality and Resurrection* (sous la direction de STENDAHL), 115-149 ; aussi dans HTR 53, 1960, 1-26, et dans *The Miracles and the Resurrection* (Londres, SPCK Theological Collections 3, 1964), 79-94.

CARNLEY, P., *The Structure of Resurrection Faith* (Oxford, Clarendon Press, 1987).

CAVALLIN, H. C. C., *Life after Death. Paul's Argument for the Resurrection of the Dead in I Cor 15* (Coniectanea Biblica, New Testament series 7, 1, Lund, Gleerup, 1974).

CHILDS, B. S., « Adam », dans *Interpreter's Dictionary of the Bible* (Nashville et New York, Abingdon Press, 1962), vol. I, 42-44.

—, « Death and Dying in Old Testament Theology » dans *Love and Death in the Ancient Near East* (sous la direction de MARKS et GOOD), 89-92.

COLLINS, J. J., *Between Athens and Jerusalem : Jewish Identity in the Hellenistic Diaspora* (New York, Crossroad Publishing Co, 1986).

CULLMANN, O., *Immortality of the Soul or Resurrection of the Dead ? The Witness of the New Testament* (Londres, Epworth Press,

1958) ; — plus anciennement dans *Harvard Divinity School Bulletin*, 21, 1955-1956, 5-36 ; et plus récemment, avec une Postface, dans *Immortality and Resurrection* (sous la direction de K. STENDAHL) ; et encore dans *Immortality* (sous la direction de T. PENELHUM).

DAHL, M. E., *The Resurrection of the Body* (Londres, SCM Press, 1962).

DAICHES, David, *God and the Poets* (Oxford, Clarendon Press, 1984).

DALLEY, Stéphanie, *Myths from Mesopotamia* (Oxford University Press, 1989).

DELCOR, M., *Mito y Tradición en la Literatura Apocaliptica* (Madrid, Cristiandad, 1977).

DIHLE, Albrect, « Totenglaube und Seelenvorstellung im 7. Jahrhundert vor Christus », dans *Stuiber Gedenkschrift, Jenseitsvorstellungen in Antike und Christentum* (Jahrbuch für Antike und Christentum, Ergänzungsband 9 ; Münster, Aschendorff, 1982), 9-20.

DOEVE, J. W., compte-rendu du livre de CULLMANN, *Immortalité de l'âme ou résurrection des morts ?*, *Novum Testamentum* 2, 1958, 157-161.

EDWARDS, Jonathan, *Original Sin* (*Œuvres*, vol. III, éditées par Clyde A. HOLBROOK, Yale, 1970).

EICHRODT, W., *Theology of the Old Testament*, II (Londres, SCM Press et Philadelphie, Westminster Press, 1967), chap. XXIV, 496-529, « The Indestructability of the Individual's Relationship with God (Immortality) ».

ELLIS, E. E., « Soma in 1st Corinthians », *Interpretation*, avril 1990.

EVANS, C. F. *Resurrection and the New Testament* (Londres, SCM Press, 1970).

FROST, S. B., « The Memorial of the Childless Man : A Study in Hebrew Thought on Immortality », *Interpretation*, 26, 1972, 437-450.

FUSS, Werner, *Die sogenannte Paradieserzählung* (Gütersloh, Mohn, 1968).

GARDNER, Anne, « Gen 2 : 4b-3 : A Mythological Paradigm of Sexual Equality or of the Religious History of Pre-exilic Israel », SJT 43, 1990, 1-18.

GARLAND, Robert, *The Greek Way of Death* (Ithaca, Cornell University Press, 1985).

GERLEMAN, G., 'ḥjh leben', THAT 1, 549-557.

GNILKA, J., « Contemporary Exegetical Understanding of "the Resurrection of the Body" », dans *Concilium* 1970-1976, 129-141.

GOLDIN, Judah, « The Death of Moses : An Exercise in Midrashic Transposition », dans MARKS et GOOD, *Love and Death in the Ancient Near East*, 219-225.

GRAYSTON, Kenneth, *Dying We Live* (New York, Oxford University Press, et Londres, Darton, Longman et Todd, 1990).

GRELOT, P., *De la mort à la vie éternelle* (Paris, Éd. du Cerf, 1971).

HEBBLETHWAITE, Brian, réponse à N. LASH, *Heythrop Journal* 20, 1979, 57-64.

HEINZMANN, R., *Die Unsterblichkeit der Seele und die Auferstehung des Leibes* (Münster, Aschendorff, 1965).

HENDEL, R. S., « The Flame of the Whirling Sword », JBL 104, 1985, 671-674.

—, « Of Demigods and the Deluge : Toward an Interpretation of Genesis 6 : 1-14 », JBL 106, 1987, 13-26.

HENGEL, M., « Ist der Osterglaube noch zu retten ? », *Theologische Quartalschrift*, 153, 1973, 252-269.

HICK, John, *Death and Eternal Life* (Londres, Collins, 1976).

HILLERS, Delbert, « Dust : Some Aspects of Old Testament Imagery », dans MARKS et GOOD, *Love and Death in the Ancient Near East*, 105-110.

HORTS, P. W. VAN DER, « Pseudo-Phocylides and the New Testament », dans *Zeitschrift für die neutestamentliche Wissenschaft* 69, 1978, 187-202.

HÜGEL, F. von, *Eternal Life* (Edinburg, T. & T. Clark, 1912).

HUGHES, J., *Secrets of the Times : Myth and History in Biblical Chronology* (Sheffield : JSOT supplement series 66, 1990).

HUMBERT, Paul, *Études sur le récit du paradis et de la chute dans la Genèse* (Neuchâtel, 1940).

ILLMAN, Karl-Johan, *Old Testament Formulas about Death* (Åbo, Åbo Akademi, 1979).

JAEGER, Werner, « The Greek Ideas of Immortality », HTR 52, 1959, 135-147 ; également dans *Immortality and Resurrection* (sous la direction de STENDAHL), 97-114 ; et dans JAEGER, *Humanistische Reden und Vorträge* (Berlin, de Gruyter, 1960), 286-299.

JOHNSON, A. R., *The Vitality of the Individual in the Thought of Ancient Israel* (Cardiff, University of Wales Press, 1964).

JONSSON, Gunnlaugur, *The Image of God : Genesis 1 : 26-28 in a century of Old Testament Research* (Coniectanea Biblica, Old Testament series 26, Lund, Almquist et Wiksell, 1988).

JÜNGEL, Eberhard, *Tod* (Stuttgart, Kreuz Verlag, 1971) ; trad. anglaise : *Death. The Riddle and the Mystery* (Edinburg, St. Andrew Press, 1975).

KAISER, Otto, « Tod, Auferstehung und Unsterblichkeit im Alten Testament und inm frühen Judentum — in religionsgeschichtlichem Zusammenhang bedacht », dans O. KAISER et E. LOHSE, *Tod und Leben* (Kohlhammer Taschenbücher 1001 ; Stuttgart, Kohlhammer, 1977), 7-80 et 143-157.

—, « Die Zukunft der Toten nach den Zeugnissen der alttestamentlich-frühjüdischen Religion », dans KAISER, *Der Mensch unter dem Schicksal* (Berlin, de Gruyter, 1985), 182-195.

—, « Der Tod des Sokrates », dans *Der Mensch unter dem Schicksal* (Berlin, de Gruyter, 1985), 196-205.

KASHER, A. et BIDERMAN, S., « Why was Baruch de Spinoza Excommunicated ? » dans *Sceptics, Millenarians and Jews*, sous la direction de D. S. KATZ et J. I. ISRAEL (Leiden, Brill, 1990), 98-141.

KELLERMANN, Ulrich, « Überwindung des Todesgeschicks in der alttestamentlichen Frömmigkeit vor und neben dem Auferstehungsglauben », dans ZThK 73, 1976, 259-282.

KNIBB, Michael A., « Life and Death in the Old Testament », dans *The World of Ancient Israel*, sous la direction de Ronald E. Clements (Cambridge University Press, 1989), 395-415.

KRIEG, Matthias, *Todesbilder im Alten Testament* (AThANT 73, Zurich, Theologischer Verlag, 1988).

LAMBERT, W. G. et MILLARD, A. R., *Atra-Ȟasis : The Babylonian Story of the Flood* (Oxford, Clarendon Press, 1969).

LANGE, N. DE, *Origen and the Jews* (Cambridge, Oriental Publications, 25, 1976).

LASH, N. L. A., « Eternal Life : Life "after" Death », dans *Theology on Dover Beach* (Londres, Darton, Longman et Todd, 1978, et New York, Paulist Press, 1979), 164-182.

LAURIN, R. B., « The Question of Immortality in the Qumran Hodayot », *Journal of Semitic Studies* 3, 1958, 344-355.

LEVENSON, J. D., *Creation and the Persistence of Evil* (San Francisco, Harper and Row, 1988).

LEWIS, H., *The Self and Immortality* (Londres, Macmillan, et New York, Seabury Press, 1973).

LIEBERMAN, S., « Some Aspects of After Life in Early Rabbinic Literature », dans *Harry Austryn Wolfson Jubilee Volume*, sous la direction de S. LIEBERMAN (3 vol., Jérusalem, American Academy for Jewish Research, 1965), II, 495-532.

LIFSCHITZ, B., « Inscriptions grecques de Césarée en Palestine (Caesarea Palestinae) », *Revue biblique*, 68, 1961, 115-126.

—, « La vie d'au-delà dans les conceptions juives. Inscriptions grecques de Beth Shearim », *Revue biblique*, 68, 1961, 401-411.

LYS, D., « The Israelite Soul according to the LXX », VT 16, 1966, 181-228.

MACQUARRIE, John, *Christian Hope* (Oxford, Mowbray, 1978).

MANSON, T. W., « The Bible and Personal Immortality », *Congregational Quarterly*, 32, 1954, 7-16.

MARCHESELLI-CASALE, C., *Risorgeremo, ma Come ? Risurrezione dei corpi, degli spiriti o dell'uomo ?* (Supplementi alla Rivista Biblica 18, Bologne, Dehoniano, 1988).

MARKS, J. H., et GOOD, R. M., *Love and Death in the Ancient Near East. Essays in Honor of Marvin H. Pope* (Guilford [Conn.], Four Quarters, 1987).

MARTIN-ACHARD, R., *De la mort à la résurrection, d'après l'Ancien Testament* (Paris et Neuchâtel, Delachaux et Niestlé, 1956).

—, *From Death to Life* (Édimbourg, Oliver and Boyd, 1959).

—, « Trois remarques sur la résurrection des morts dans l'Ancien Testament », dans MARTIN-ACHARD, *Permanence de l'Ancien Testament* (Genève, Lausanne, Neuchâtel, Cahiers de la Revue de Théologie et de Philosophie, 1984), 170-184 ; et dans *Cazelles Festschrift*, AOAT 212, 1981, 301-317.

—, « L'espérance des croyants d'Israël face à la mort selon Esaïe 65, 16c-25, et selon Daniel 12, 1-4 », dans *Permanence de l'Ancien Testament*, 285-297.

MASSON, C., « Immortalité de l'âme ou résurrection des morts ? », *Revue de théologie et de philosophie* 8, 1958, 250-267.

MATTHEWS, Melvyn, « Who Told You that You were Naked ? », *Theology*, mai-juin 1990, 212-220.

MAY, H. G., « The King in the Garden of Eden : A Study of Ezekiel 28 : 12-19 », dans *Israel's Prophetic Heritage : Essays in Honor of James Muilenburg*, sous la direction de B. W. ANDERSON et W. HARRELSON (New York, Harper and Row, et Londres, SCM Press, 1962), 166-176.

MAYER, R., « Der Auferstehungsglaube in der iranischen Religion », *Kairos*, 7, 1965, 194-207.

MCEVENUE, S., *Interpreting the Pentatheuch* (Collegeville, Minnesota, Liturgical Press, 1990).

MEYER, R., « Hellenistisches in der rabbinischen Anthropologie. Rabbinische Vorstellungen vom Werden des Menschen », *Beiträge zur Wissenschaft von Alten und Neuen Testament* 76 (Stuttgart, 1937).

MEYERS, Carol L., « Gender Roles and Genesis 3 : 16 Revisited » dans *The Word of the Lord shall go forth* (Freedman FS, ASOR-Eisenbraun, 1983).

—, *Discovering Eve* (New York, Oxford University Press, 1988).

MOLTMANN, Jürgen, *The Crucified God* (Londres, SCM Press, et New York, Harper and Row, 1974).

—, *Le Dieu crucifié* (Paris, Éd. du Cerf, coll. « Cogitatio Fidei », 80, 1990).

NICKELSBURG, G. W., *Resurrection, Immortality, and Eternal Life in Intertestamental Judaism* (Cambridge [Mass], Harvard Theological Studies, 26, 1972).

—, Compte rendu de Stemberger, *Catholic Biblical Quarterly* 35, 1973, 555 s.

NIKOLAINEN, A. T., *Der Auferstehungsglauben in der Bibel und ihrer Umwelt* (Helsinki, Druckerei der finnischen Literaturgesellschaft, 1944).

NORTH, C. R., *The Second Isaiah* (Oxford, Clarendon Press, 1964).

OTZEN, Benedikt, « Old Testament Wisdom Literature and Dualistic Thinking in Late Judaism », VTS 28, 1975, 146-157.

OTZEN, B., GOTTLIEB, H., et JEPPESEN, K., *Myths in the Old Testament* (Londres, SCM Press, 1980).

PAGELS, Elaine, *Adam, Eve and the Serpent* (New York, Vintage Books, 1988).

PARKER, Robert, *Miasma* (Oxford, Clarendon Press, 1983).

PEDERSEN, Johannes, *Israel* (2 vol., Londres, Oxford University Press, 1926).

PENELHUM, Terence (sous la direction de), *Immortality* (Belmont [Californie], Wadsworth, 1973).

—, *Survival and Disembodied Existence* (Londres, Routledge and Kegan Paul, 1970).

PERRETT, R. W., *Death and Immortality* (Dordrecht, Nijhoff, 1987).

PHILLIPS, D. Z., *Death and Immortality* (Londres, Macmillan, 1970).

PLOEG, J. VAN DER, « L'immortalité de l'homme d'après les textes de la mer Morte », VT 2, 1952, 171-175.

PORTER, F. C., « The Pre-Existence of the Soul in the Book of Wisdom and in the Rabbinical Writings », dans *Old Testament and Semitic Studies in Memory of William Rainey Harper*, sous la direction de R. F. HARPER, F. BROWN et G. F. MOORE (Chicago, Chicago University Press, 1906), I, 207-269.

PREUSS, H. D., *Eschatologie im Alten Testament*, Darmstadt, Wissenschaftliche Buchgesellschaft (Wege der Forschung 480, 1978).

QUICK, Oliver C., *The Christian Sacraments* (Londres, Nisbet, et New York, Harper, 1927).

RAHNER, K., *On the Theologie of Death* (New York, Herder, 1961).

REESE, J. M., *Hellenistic Influence on the Book of Wisdom and its Consequences* (Analecta Biblica, 41, Rome, Biblical Institute Press, 1970).

REVENTLOW, Henning Graf, *Problems of Old Testament Theology in the Twentieth Century* (Londres, SCM Press, et Philadelphie, Fortress Press, 1985).

RICHARDSON, N. J., « Early Greek Views about Life after Death », dans EASTERLING, P. E., et MUIR, J. V., *Greek Religion and Society* (Cambridge University Press, 1985), 50-66.

ROSENTHAL, Franz, « Reflections on Love in Paradise », dans MARKS et GOOD, *Love and Death in the Ancient Near East*, 247-254.

ROST, L., « Altestamentliche Wurzeln der ersten Auferstehung » dans *In Memoriam Ernst Lohmeyer*, sous la direction de W. SCHMAUCK (Stuttgart, Evangelisches Verlagswerk, 1951), 67-72.

RÜGER, H. P., *Die Weisheitsschrift aus der Kairoer Geniza* (Tübingen, Mohr, 1991).

SAGGS, H. W. F., *The Encounter with the Divine in Mesopotamia and Israel* (Londres, Athlone Press, 1978).

SASSON, Jack M., « A Genealogical "Convention" in Biblical Chronography ? » *Zeitschrift für die Alttestamentliche Wissenschaft*, 90, 1978, 171-185.

SAWYER, J. F. A., « Hebrew Words for the Resurrection of the Dead », VT 23, 1973, 218-234.

SCHUNACK, G., *Das hermeneutische Problem des Todes* (Tübingen, Mohr, 1967).

SCHWANKL, Otto, *Die Sadduzäerfrage (Mk. 12,18-27 parr)*, Francfort, Athenäum (Bonner Biblische Beiträge, 66, 1987).

SCHWARTLANDER, J., *Der Mensch und seine Tod* (Göttingen, 1976).

SIMPSON, J. Y., *Man and the Attainment of Immortality* (New York, Doran, 1922).

SPARKS, H. F. D., *The Apocryphal Old Testament* (Oxford, Clarendon Press, 1984).

SPRONK, K., *Beatific Afterlife in Ancient Israel and in the Ancient Near East* (*Alter Orient und Altes Testament*, 219, Neukirchen, Neukirchener Verlag, 1986).

STEMBERGER, G., *Der Leib der Auferstehung. Studien zur Anthropologie und Eschatologie des palästinischen Judentums im neutestamentlichen Zeitalter* (Rome, Biblical Institute Press, 1972).

STENDAHL, K. (sous la direction de), *Immortality and Resurrection* (New York, Macmillan, 1958) : comprend une introduction, par STENDAHL, et des contributions de CULLMANN, WOLFSON, JAEGER et CADBURY.

—, « Immortality is Too Much and Too Little », dans STENDAHL, K., *Meanings. The Bible as Document and as Guide* (Philadelphie, Fortress Press, 1984), 193-202.

SUTHERLAND, Stewart R., « Immortality and Resurrection », *Religious Studies*, 3, 1967, 377-389.

—, « What Happens after Death ? », *Scottish Journal of Theology*, 22, 1969, 404-418.

—, *God, Jesus and Belief* (Oxford, Blackwell, 1984).

SYKES, S. W., « Life after Death, The Christian Doctrine of Heaven », dans R. W. A. MCKINNEY, *Creation, Christ and Culture* (Édimbourg, T. et T. Clark, 1976), 250-271.

TOWNER, W. Sibley, « Interpretations and Reinterpretations of the Fall », dans Francis A. EIGO, *Modern Biblical Scholarship : Its Impact on Theology and Proclamation* (Villanova [Pa.], Villanova University Press, 1984), 53-85.

TRIBLE, Phyllis, *God and the Rhetoric of Sexuality* (Philadelphie, Fortress Press, 1978, et Londres, SCM Press, 1991).

TROMP, N. J., *Primitive Conceptions of Death and the Nether World in the Old Testament* (Rome, Pontifical Biblical Institute, 1969).

TUCKER, Gene M., « The Creation and the Fall : A Reconsideration », *Lexington Theological Quarterly*, 13, 1978, 113-124.

TUGWELL, S., *Human Immortality and the Redemption of Death* (Londres, Darton, Longman et Todd, 1990).

TURNER, James Grantham, *One Flesh. Paradisal Marriage and Sexual Relations in the Age of Milton* (Oxford, Clarendon Press, 1987).

URBACH, E. E., *The Sages : Their Concepts and Beliefs* (Jérusalem, Magnes Press, 1975).

VAWTER, B., « Intimations of Immortality and the OT », JBL 91, 1972, 158-171.

VISCHER, W., *Das Christuszeugnis des Alten Testaments*, I (publié pour la première fois en 1934) ; traduction anglaise : *The Witness of the Old Testament to Christ* (Londres, Lutterworth Press, 1949 ; seul ce premier volume a été publié en allemand et en anglais).

WÄCHTER, L., *Der Tod im Alten Testament* (Stuttgart, Calwer Verlag, 1967).

WARD, Eileen DE, « Mourning Customs in 1, 2 Samuel », *Journal of Jewish Studies*, 23, 1972, 1-27 et 145-166.

WASSERSTEIN, Abraham, « Die Hellenisierung des Frühjudentums. Die Rabbinen und die griechische Philosophie », dans *Max Webers Sicht des antiken Christentums*, sous la direction de W. SCHLUCHTER (Francfort-sur-le-Main, Suhrkamp, 1985), 285-316.

WESTERMANN, C., *Genesis 1-11* (Minneapolis, Augsburg Publishing House, et Londres, SPCK, 1984).

—, noêfoeš Seele', dans THAT II, 71-96.

WICKHAM, L. R., « The Sons of God and the Daughters of Men : Genesis VI 2 in Early Christian Exegesis », *Old Testament Studies* 19, 1974, 135-147.

WIJNGAARDS, J., « Death and Resurrection in Covenantal Context (Hos 6. 2) », VT 17, 1967, 226-239.

WILES, Maurice F., *The Remaking of Christian Doctrine* (Londres, SCM Press, 1974).

WILLIAMS, C. J. F., « Knowing Good and Evil », *Philosophy*, 66, 1991, 235-241.

WILLIAMS, N. P., *The Ideas of the Fall and of Original Sin* (Londres, Longmans, 1927).

WILSON, R. R., « The Death of the King of Tyre : The Editorial History of Ezekiel 28 », dans MARKS et GOOD, *Love and Death in the Ancient Near East*, 211-218.

WISDOM, John, « Eternal Life », dans *Talk of God* (Royal Institute of Philosophy Lectures, II, 1967-1968 ; Londres, Macmillan, 1969), 239-250.

WOHLGSCHAFT, H., *Hoffnung angesichts des Todes* (Munich, Schoningh, 1977).

WOLFF, Hans Walter, *Anthropology of the Old Testament* (Londres, SCM Press, 1974).

WOLFSON, H. A., « Immortality and Resurrection in the Philosophy of the Church Fathers », dans H. A. WOLFSON, *Religious Philosophy A Group of Essays* (Harvard University Press, 1961) ; voir *Harvard Divinity School Bulletin*, 22, 1956-1957, 5-40.

—, « Notes on Patristic Philosophy », dans HTR 57, 1964, 119-131.

ZIMMERLI, W., *Man and his Hope in the Old Testament* (Londres, SCM Press, 1971).

Index

Références bibliques

Autres références

Auteurs et thèmes

Table des matières

lire la Bible *(Titres disponibles)*

1. **D. Barthélemy :** *Dieu et son image* (rééd. Foi vivante)
2. **W. K. Grossouw :** *Spiritualité du Nouveau Testament*

6 *bis.* **P. Benoit :** *Passion et Résurrection du Seigneur*
12. **I. Hermann :** *Initiation à l'exégèse moderne*
13. **A. -M. Hunter :** *Introduction à la théologie du NT*
16 *bis.* **H. Cazelles :** *Naissance de l'Église, secte juive rejetée ?*
17 *bis.* **A. Paul :** *L'Évangile de l'Enfance selon saint Matthieu*
18. **R. Schnackenburg :** *Présent et futur*
19. **J. Paillard :** *Règlement de comptes avec saint Paul*
20. **A. -M. Hunter :** *Saint Jean, témoin du Jésus de l'histoire*
21. **J. -L. Chordat :** *Jésus devant sa mort*
23. **L. Krinetski :** *L'Alliance de Dieu avec les hommes*
26. **J. Winandy :** *Autour de la naissance de Jésus*
27. **A. George, etc. :** *La Pauvreté évangélique*
31 *bis.* **B. Rey :** *À la découverte de Dieu*
33. **C. Westermann :** *L'Ancien Testament et Jésus-Christ*
34. **M. Hengel :** *Jésus et la violence révolutionnaire*
35. **N. Beaupère :** *Saint Paul et la joie*
38. **J. Steinmann :** *Ainsi parlait Qohélet*
40. **P. Grelot :** *Écouter l'Évangile*
43. **L. Walter :** *L'Incroyance des croyants selon saint Jean*
44. **A. M. Hunter :** *Un idéal de vie. Le sermon sur la montagne*
47. **Sr Jeanne-d'Arc :** *Les Pèlerins d'Emmaüs*
53. **C. Paliard :** *Lire l'Écriture, écouter la Parole*
54. **J. Perron :** *Au fil de l'année : l'Évangile* — Les dimanches de l'année B
56. **F. Fleinert-Jensen :** *Commentaire de la première épître de Jean*
57. **R. Michaud :** *De l'entrée en Canaan à l'exil à Babylone*
59. **C. Westermann :** *Dieu dans l'Ancien Testament*

60. **G. Flor Serrano, L. Alonso Schökel :** *Petit vocabulaire des études bibliques*
62. **A. Ridouard :** *Jérémie, l'épreuve de la foi*
63. **V. Mora :** *Le Signe de Jonas*
65. **R. Michaud :** *La Littérature de Sagesse,* t. I, *Proverbes et Job*
66. **Collectif :** *La Bonne Nouvelle de la résurrection*
67. **J. Vanel :** *Le Livre de Sara*
70. **M. Gourgues :** *Le Défi de la fidélité*
71. **J. Neusner :** *Le Judaïsme à l'aube du christianisme*
72. **B. Rey :** *Les Tentations et le Choix de Jésus*
74. **J. Pirot :** *Trois amies de Jésus de Nazareth*
75. **E. Beaucamp :** *Les Prophètes d'Israël*
76. **R. E. Brown :** *L'Église héritée des apôtres*
77. **R. Michaud :** *La littérature de sagesse,* t. II, *Qohélet et l'hellénisme.*
79. **J.-P. Charlier :** *Signes et Prodiges.* Les Miracles dans L'Évangile
80. **D. Juel :** *Luc-Actes.* La promesse de l'histoire
81. **E. Beaucamp :** *Les Grands Thèmes de l'Alliance*
82. **R. Michaud :** *La littérature de sagesse,* t. III, *Ben Sira et le judaïsme.*
83. **G. Barbaglio :** *Le Sens biblique de la laïcité*
84. **J. -P. Charlier :** *Jésus au milieu de son peuple,* t. II
85. **J. -P. Charlier :** *Jésus au milieu de son peuple,* t. III
86. **M. Pelletier :** *Les Pharisiens.* Histoire d' un parti méconnu
87. **C. Pellistrandi :** *Jérusalem, épouse et mère*
88. **R. Meynet :** *Avez-vous lu saint Luc ?* Guide pour la Rencontre
89. **J. -P. Charlier :** *Comprendre l'Apocalypse,* t. I
90. **J. -P. Charlier :** *Comprendre l'Apocalypse,* t. II
91. **H. -D. Saffrey :** *Histoire de l'apôtre Paul*
92. **Ph. Rolland :** *Les Ambassadeurs du Christ*
93. **E. Beaucamp :** *Livre de la consolation d'Israël*
94. **P. Gibert :** *Petite histoire de l'exégèse biblique*
95. **D. Louys :** *Le Jardin d'Éden, mythe fondateur de l'Occident*
96. **B. T. Viviano :** *Le Royaume de Dieu dans l'histoire*
97. **M. Gourgues :** *Jean. De l'exégèse à la prédication,* t. I
98. **R. E. Brown :** *101 questions sur la Bible*
99. **R. Meynet :** *Passion de Notre Seigneur Jésus-Christ selon les évangiles synoptiques*
100. **M. Gourgues :** *Jean. De l'exégèse à la prédication,* t. II

101. **P. Bovati, R. Meynet :** *La Fin d'Israël. Paroles d'Amos*
102. **M. Cocagnac :** *La Parole et son miroir.* Les symboles bibliques
103. **M. Gourgues :** *Luc.* De l'exégèse à la prédication
104. **W. Vogels :** *Job, l'homme qui a bien parlé de Dieu*
105. **Ch. Reynier :** *L'Évangile du réssuscité.* Une lecture de Paul.
106. **Y.-M. Blanchard :** *Des signes pour croire ?* Une lecture de l'Évangile de Jean.
107. **J. Barr :** *Éden et la Quête de l'immortalité.*

Achevé d'imprimer en novembre 1995
sur les presses de l'Imprimerie Bussière
à Saint-Amand-Montrond (Cher)

N° d'édition : 10093. — N° d'impression : 2831.
Dépôt légal : novembre 1995.

Imprimé en France